KB119073

99점은
100점이
아니다

99점은 100점이 아니다

초 판 1쇄 2022년 02월 17일
초 판 2쇄 2022년 06월 30일

지은이 류나리
펴낸이 류종렬

펴낸곳 미다스북스
총괄실장 명상완
책임편집 이다경
책임진행 김가영 신은서 임종익 박유진

등록 2001년 3월 21일 제2001-000040호
주소 서울시 마포구 양화로 133 서교타워 711호
전화 02) 322-7802~3
팩스 02) 6007-1845
블로그 http://blog.naver.com/midasbooks
전자주소 midasbooks@hanmail.net
페이스북 https://www.facebook.com/midasbooks425
인스타그램 https://www.instagram.com/midasbooks

미다스북스는 다음세대에게 필요한 지혜와 교양을 생각합니다.

마지막 1점을 완성하는
입학사정관의 치열한 24시간

99점은
100점이
아니다

류나리 지음

미다스북스

대학입시는 복잡하고 어렵다고들 많이 합니다. 그렇게 생각하는 가장 주된 원인은 각 전형의 본질에 주목하지 않고, 조금 더 편하고 빠른 방법을 찾는 데 있다고 생각합니다. 특히 학생부종합전형은 그 태생에서부터 본질에 대한 이해가 무척 중요함에도 불구하고 결과에만 집착하는 경우가 많습니다. 이 책은 그 본질에 주목할 수 있도록 도와주는 책입니다. 이론만을 강조하고 있는 책이 아니라, 실제 경험을 바탕으로 경험에 담긴 의미를 추출하고 그를 통해 학생부종합전형의 본질에 다가설 수 있도록 하는 책입니다. 단순히 경험의 나열, 현상의 분석에만 그치지 않고 사회적 담론을 제기하는 데까지 나아가 당해 연도 입시에 매몰된 시각에 새로운 계기를 제공하는 역할도 할 수 있을 것이라 생각합니다. 부디 많은 분들이 읽고 여러 기준에서 우수한 학생을 선발하려는 대학입시의 본질을 이해하고 우리 아이의 입시가 끝나도 관심을 가질 수 있는 분위기를 형성하는 주춧돌이 되길 기원합니다.

— 이투스 교육평가연구소장 김병진

대입을 설명하는 책은 참 많다. 그러나 대부분 결과론적인 해석이다. 왜냐하면 그 평가의 상세 과정은 실무를 담당하는 사람 아니면 블랙박스처럼 알 수가 없기 때문이다. '뭐가 중요하다더라'만 있지, 그 단어 하나하나 입시에서 어떤 의미를 가지고 있는지에 대한 설명은 부족했다. 그러나 이 책에는 저자가 특유의 섬세함으로 입학사정관 실무를 담당하며 알게 된 대학입시의 비밀을 가득 담아내었다.

— 와이즈멘토 대표 조진표

무엇보다 엄격하고 엄정하게 진행되는 대학입시의 이면에, 입학 사정관으로서 우수한 학생을 선발하고자 하는 입시 전문가로서의 고민과 노력 그리고 성공적 입시 진행을 위하여 아낌없이 행정적 지원을 해주는 지원자로서의 생생한 경험을 볼 수 있다.

　단순히 '어떻게 하면 좋은 평가를 받을 수 있을까?'라는 질문에 대한 단편적인 답이 아닌, 대학입시라는 큰 틀에서 '어떻게 하면 "Number One"이 아닌 "Only One"이 될 수 있을까?'라는 질문을 삶의 주체자인 학생과 이들의 조력자인 부모에게 고민할 기회를 준다.

– 이화여자대학교 前 입학처 부처장,

전자전기공학전공 교수 박형곤

'SKY 캐슬'은 우리나라 입시의 불편한 진실과 사건을 보여주었지만, 그 뒷이야기까지 체계적으로 정리하여 시원하게 담아내진 못했다. 이 책은 주요 대학의 입학사정관으로서 입시 업무를 직접 발로 뛰며 고민해온 저자가 현업에서의 경험은 물론이고 입시생과 학부모의 생각까지 한 조각도 놓치지 않고 꼼꼼히 챙겨 소화해낸 성과물이다. 그렇기에, 이 책을 읽는 독자는 비교적 편하게 입시의 실체를 훔쳐보며 전문가의 통찰력과 지혜를 챙겨갈 수 있으리라 생각한다.

– 서울교육대학교 前 입학부처장,
교육전문대학원 영재교육전공 교수 정우성

1점에 운명이 엇갈리는 냉정하고 치열한 입시는 대한민국에서 가장 민감한 주제 중 하나이다. 명문대, 의대, 교대, 특목고의 입시 업무를 두루 담당했던 베테랑 입학사정관인 저자의 학생부종합전형 평가에 대한 경험과 정보는 학생, 학부모, 교사들에게 믿음직한 길잡이가 될 것이다. 뿐만 아니라 저출산·고령화 문제, 교육열과 부동산의 상관관계, 입학사정관의 역할과 책무 등 전반에 걸친 저자의 고찰은 우리 교육 현실을 되돌아보고 바람직한 대책을 수립하는 데 적지 않은 도움을 줄 것이다.

– 부산시교육청 중등교육과장 권혁제

학생부종합전형이 참 시끄러운 세상이다. 누구는 있는 집 자식들을 위한 전형이라고 말하고, 누구는 없는 집 아이들이 대학을 가는 중요한 기회라고 말한다. 하나의 전형을 두고 이렇게 전혀 다른 반응이 나오기도 참 힘들 것 같다. 아마도 사람들이 학생부종합전형의 평가체계에 대해서 잘 모르고, 잘 모르기 때문에 불신하는 것이 아닌가 한다. 사람들이 학생부종합전형에 대해서 잘 모르는 것은 그 전체 과정을 정확하게 알고 있는 사람도 적고 그들의 목소리보다 어설프게 알지만 목소리 큰 사람들의 이야기가 더 많이 들리기 때문일 것이다.

이런 상황에서 『99점은 100점이 아니다』가 나왔다. 여러 대학에서 입학사정 업무를 직접 수행한 저자가 사정관으로 근무하면서 느낀 이야기를 재미있게 서술하였다. 시중에는 학생부종합전형에 대하여 설명한 책들이 종종 있지만, 보통의 학생이나 학부모님들이 보기에 너무 딱딱하게 서술한 것들이 많았다.

그런데 저자는 옛날이야기 해주듯이 편안하게 학생부종합전형에 대해서 이야기한다. 딱딱한 입시 안내서가 아니라 재미있는 수필을 읽듯이 읽으면 학생부종합전형과 입학사정관에 대해서 좀 더 많이 이해할 수 있게 된다.

특히 입시 이야기를 진행하다 보면 중간중간 나오는 입시 용어들이 큰 장벽으로 다가온다. 입시에 종사하는 사람들은 너무도 익숙하면서도 편안한 용어이지만, 학생들과 학부모님들 입장에서는 입시 자체가 생소하니 그 용어를 이해하지 못해서 전체 내용 이해에 어려움을 겪는 경우도 많다. 그래서 저자는 원고 중간중간에 학생들이 이해하기 어려운 부분들이 나오면 그 용어에 대한 설명을 추가해두었다. 즉, 이 책의 독자들이 좀 더 편안하게 학생부종합전형과 입학사정관에 대해서 이해할 수 있도록 돕고 있는 것이다.

독자분들께 부탁드린다. 책을 꼼꼼하게 읽어보시라고. 현장에서 입시를 경험하는 입장에서 볼 때, 실제 대학의 평가에 대한 부분들은 서로 민감하기 때문에 직접적으로 언급하지 못한다. 그래서 경우에 따라서는 사례로 말하기도 하고, 에둘러서 말하기도 한다. 이 책의 독자들의 상당수는 그런 부분에 대해서 궁금하신 분들일 것이다. 그렇기 때문에 원고에 있는 세부적인 부분을 잘 보셔야 한다. 그러면 학생부종합전형에서 어떻게 서류를 평가하는지에 대해서 많은 정보를 얻을 수 있다.

'99점은 100점이 아니다'를 통해서 학생부종합전형이나 입학사정관에 대한 오해가 해소되고, 학생부종합전형이 우리나라 교육에 긍정적인 기여를 하는 전형임을 많은 사람들이 이해했으면 한다. 또한 입학사정관들이 어떤 어려움 속에서, 어떻게 평가하는지 알고 입학사정관들에 대한 사회적 평가도 그 분이 하시는 일만큼 공정하게 평가받을 수 있는 기회가 되기를 기대해본다.

– 동대부속여고 3학년 국어교사,
서울중등진학지도연구회 홍보국장 김용진

대한민국에서 교육열로 하면 빠질 수 없는 대치동, 그곳 한가운데 있는 학교에서 학생들과 함께 생활하는 교사이자 강남구 관내학교에 다니는 중고등학생 자녀를 둔 부모로서 이 책을 읽으면서 줄곧 들었던 생각은 나는 우리 아이들을 제대로 키우고 있는가에 대한 반성과 성찰이었습니다. 여러 대학에서 다양한 경험을 한 입학사정관의 책이기에 입시에 대한 명쾌한 답을 찾으려 할 수 있지만, 최고가 아닌 유일한 사람(Only One)이란 관점에서 나 그리고 내 아이를 어떻게 키울 것인가 고민하게 하고 그에 대한 다양한 답을 스스로 찾아가도록 도움을 주는 책이라 생각합니다. 학생부종합전형 등 대입전형에 대한 개념이 부족한 사람에겐 쉽게 다가서도록 차근차근 설명해주기 때문에 입시에 대해 쉽게 접근할 수 있습니다.

코로나19 상황에서의 새로운 대입 풍경과 수험생 그리고 평가자의 고충을 모두 공감하면서 수험생과 평가자의 경계를 허물고 서로를 이해하는 독서 여행의 시간이 될 수도 있습니다. 서류 기반 면접, 제시문 면접 그리고 MMI(Multiple Mini Interview)면접에 대한 소개는 이를 준비하는 수험생과 학부모에게 도움이 될 것입니다. 학생과 학부모 그리고 교사와 사교육 관계자라면 누구나 궁금해할 서류평가, 면접, 학생부종합전형과 논술전형 운영 등의 살아 있는 현장 이야기를 책을 통해 접할 수 있습니다. 고교교육 기여대학 지원사업 운영, 대입 서류접수, 서류평가 상황이 담긴 에피소드는 입학사정관을 준비하는 분들에게도 도움이 되는 얘기가 될 것입니다. 학생, 학부모, 교사, 입학사정관, 관계자 모두가 함께 읽을 수 있는 책으로 각자에게 해당하는 내용이 곳곳에 사례 중심으로 실려 있어 읽는 재미를 더합니다.

　글을 읽고 페이지를 넘기면서 웃음과 성찰 그리고 정보 습득이 사이사이 교차했습니다. 저자의 삶을 보면 애잔하고 공감이 가는 부분도 있습니다. 입학사정관으로서의 경험뿐만 아니라 자신의 생생한 진로 고민과 진로 개척 경험담을 담은 글을 통해 입시라는 틀 안에서가 아닌 삶의 주인공으로서의 나를 성찰하는 독서 경험이 될 것이라 확신합니다. 이 책을 통해 학생과 학부모 그리고 여러 독자가 잘 알려지지 않은 입시 현장 정보와 다각적인 성찰의 열쇠를 받을 것으로 생각합니다.

– 단대부고 진로진학부 부장 교사 박종필

15년차 수학 강의를 하면서 공교육과 사교육이라는 벽을 넘어 이 시대의 진정한 '교육'의 의미를 성찰해볼 수 있다. 특히, 수시전형의 비율이 높은 현 입시제도를 운영 및 평가하는 입학사정관의 생생한 이야기를 엿볼 수 있다. 단순히 입시를 위한 'how to'에 그치는 것이 아닌 학부모이자 교육계 종사자로서 교육의 본질에 대해 생각하도록 나침반 역할을 해준다. 무엇보다 입시 가이드라인을 주는 책들과는 차별화된다. 이 책에 담긴 에피소드와 저자의 이야기는 대한민국 현 교육 입시에 통찰력 있는 꼭 필요한 목소리다.

– 메가스터디 인터넷 수학강사 김성은

• 표준 대입전형 체계

수시전형 (총 6회 지원 가능)	학생부위주 (학생부교과)	→	교과+면접+수능최저	→	정량
	학생부위주 (학생부종합)	→	서류(교과+비교과)+면접+수능최저	→	정성
	논술위주	→	논술+수능최저	→	정량
	실기/실적위주 (실기, 특기자, 기타전형 등)				

정시전형 (총 3회 지원 가능)	수능위주	→	수능+내신	→	정량
	실기/실적위주 (실기, 기타전형 등)				

※ 위 전형유형은 일반적인 것을 의미하며, 대학별로 차이가 있으므로
반드시 지원 대학의 모집요강을 확인하여야 함

CONTENTS

1장
100점 또는 0점

2장
입시의 킹메이커

3장
—
무릉도원

4장
아직도 가야 할 길

100점 또는 0점

1

파란 박스 트라우마

'단프라박스'라고 하면 대개는 이사 박스가 생각날 것이다. 단프라박스는 여러 가지 색상이 있는데 그 중 파란색을 떠올리면 드라마나 뉴스에서 흔히 볼 수 있는 '검찰'이라고 적힌 박스가 아닐까 싶다. 내 평생 그 파란색 박스를 TV가 아닌 곳에서 실제로 볼 수 있을 것이라고는 상상하지 못했었다. 2016년 가을, 다이나믹한 계절이 아닐 수 없었다. 직장 생활을 시작한 지 4년 차, 큰 기대감과 포부를 안고 입시전문가로서의 경력을 쌓고자 이화여자외국어고등학교에서 이화여자대학교 입학사정관으로 이직한 지 다섯 달이 채 되지 않은 어느 날이었다. 갑자기 찾아온 파란색 박스를 시작으로 학교, 아니 대한민국을 들썩이는 이슈의 현장에 있게 될 줄이야.

파란 박스를 맞닥뜨린 그 일은 2015학년도 이화여자대학교 체육 특기자 면접 때 최순실의 딸 정유라가 입시 비리로 부정 입학했다는 것과 재학 중 교수가 대리 수강 신청 및 출석 인정을 했다는 것 등으로 인해 교육부 특별 감사를 받은 사건이다. 결국 이 일이 발단이 되어 국정농단 사건으로 번지면서 2016년 이화여자대학교 캠퍼스를 시작, 광화문 일대에 촛불을 든 민심이 쏟아졌다.

입학처 출입구 앞에는 기자들이 종일 대기 중이었고, 사무실에서는 검찰 수사관들이 파란 박스에 서류를 포함한 컴퓨터 하드 디스크를 수색 후 수거해서 나가는데 사정관실의 입구 통로 쪽에 자리 배치가 되어 있는 나로서는 여간 눈치 보이는 일이 아니었다. 무엇보다 2015학년도 입시 당시에 이화여자대학교에서 근무하지도 않았고, 이제 겨우 대입 입학사정관으로 근무를 시작한 지 몇 달이 되지 않았던 터라 이 상황을 받아들이고 분간하기에는 버거웠다. 지금 생각하면 무슨 정신으로 매일 출퇴근을 했는지 모르겠다. 대입 입학사정관으로서 꽤 경력이 있었다면 이 불편한 상황 앞에서 '퇴사'라는 선택을 해버렸을지도 모른다. 기자들이 종일 밖에서 대기 중이니 출입문으로 나가서 점심 식사하는 것조차 힘들었다. 그 문을 나가는 순간, 카메라 플래시 세례를 받거나 인터뷰 대상이 되고 말 것이기 때문이었다. 결국, 나를 비롯한 사정관들은 학생 조교인 척하고 삼삼오오 쪽문을 통해 슬쩍 나가서 점심을 먹고 오거나 도시락 배달을 시켜야 했다. 아직도 생생하게 기억나는 일은 모 신문사 기자가 굳건하게 잠겨 있던 입학관 1층 출입문이 잠시 열리자 카메라를 들고 돌진했던 일이다. 이런 황당한 상황은 본교 직원들의 고함치는 소리와 약간의 몸싸움 끝에 결국 기자가 내쫓기는 일로 마무리되었다.

대입 입학사정관이 되겠다고 이직한 지 얼마 지나지 않은 시점에서, 아직은 마음의 근육이 생기지 않은 상황이었기에 이런 예기치 못한 상황은 나에게 감당하기 어려운 일인 것만은 분명했다.

이화여대라는 캠퍼스 안에서 시작된 작은 불씨 하나가 서울 도심 한복판의 광화문까지 퍼져서 헌정사상 최초로 한 나라의 대통령이 탄핵되는 사건이 일어날 줄 누가 알았으랴. 하반기 가을이면

시작되는 수시 서류평가 시즌, 늦은 밤과 주말을 반납해서 초집중
해도 만만치 않은 서류평가 기간인데 어느덧 이화여대의 학생들
뿐만 아니라 졸업생들까지 하나둘 촛불을 들고 모이기 시작하여
ECC(이화캠퍼스복합단지)라는 학교 캠퍼스 안에서 집회를 진행하고
행진하기도 했다. 괜한 걱정이긴 하지만 나는 당시 겪었던 일들을
통해 느꼈던 것들과 생각나는 이야기들을 적었을 뿐 이 사건에 대
한 정치적인 견해를 이 책에 담으려는 의도는 없다.

아마도 이 사건 이후로부터 '공정성'이라는 단어가 다시금 조명
되기 시작했던 것 같다. 우리 사회에서 누군가의 자녀이기에 특혜
를 누리는 것이 아닌 투명한 기준 안에서 동일하게 주어지는 기회
를 통해서 도전하고, 그 결과에 대해 인정할 수 있는 것 말이다.

전국 만 18~39세 1,000명을 조사한 결과, 3명 중 2명은 "한국
사회가 노력에 따른 공정한 대가를 제공하지 않는다"라고 답변을
했다. (국민일보, 2021. 06. 24.) 이 기사만 보더라도 지금 우리 사회에
'공정'이라는 것이 얼마나 중요한 가치가 되고 있는지 알 수 있다.
하물며 요즘은 월드 스타 BTS 병역문제 이슈로 '공정'이라는 단어

가 거론되기도 하니 말이다. 현 정부에서도 2019년 11월 28일 교육부 보도자료로 "대입제도 공정성 강화 방안"을 발표하였다.

'공정성' 그것은 과연 어떤 의미일까?

"평가결과가 평가받는 특성 이외의 요인, 즉 평가대상이 속하는 특정 집단의 특성에 따라 다르지 않게 나오는 정도를 말한다. (줄임) 공정성은 평가 내용이나 방법이 수험자에게 편파적이지 않고 공평한 정도를 의미한다." (『교육평가용어사전』, 한국교육평가학회, 2004.)

이 정의를 토대로 살펴보면 공정이란 불이익을 당하는 사람 없이 '공평한' 모든 조건에서 평가받는 것을 의미한다. 그 공정성의 일환으로 2021학년도부터 학생부종합전형 평가서류인 학교생활기록부에서 고교정보를 포함한 인적사항 등을 '블라인드' 처리하고 있다. (여기서 '블라인드'라는 것은 지원자의 정보를 알 수 없도록 서류상 제공되는 정보를 가리는 것을 의미한다)

그리고 많은 대학에서 면접이 폐지되고 제출서류 간소화 등의 이유로 「교사추천서」가 평가서류에서 제외되고 있다. 공정한 심사를 위한 취지는 좋지만, 학교생활기록부와 자기소개서만을 통해서 학생을 선발하는 것은 평가하는 입학사정관들에게 여간 어려운 일이 아니다.

더 나아가 2024학년도부터는 「자기소개서」도 대입전형 평가자료에서 제외될 예정이다. 학생부종합전형 평가 시 '고교프로파일'이라는 것을 참고하는데 교육부에서는 이조차도 대입제도 공정성 강화 방안을 통해 지원자의 출신 고교에 대한 후광 효과가 발생할 수 있다고 하여 그 사용을 제한한다.

☑ 고교프로파일은 학교를 소개하는 정보책을 일컫는다. 정해진 형식은 없으며, 고교별로 형태의 차이가 있다. 내용은 학교 재학 중인 인원수부터 학급수, 성별 인원, 월별 학교 행사, 수상, 대학 진학률 등이 포함된다. 즉, 해당 고교에 대한 학교 정보를 제공하고 안내하는 책자라고 할 수 있다. 고교프로파일 제작은 교사 담당 업무 중 하나로 배정되어 있다.

결국, 교육부 방침에 따라 학교생활기록부를 블라인드 처리한 이후로 고교정보를 평가시스템에서도 알 수 없게 되었다. 이제는 학교생활기록부에서 실제 수강 교과목이나 이수 단위 등을 통해 고교유형의 유추 정도만 하게 되었다. 그뿐만 아니라, 학교생활기록부 블라인드로 인하여 평가자는 사전에 블라인드 처리가 되지 않은 자료를 볼 수 없으므로 전형의 지원자격 심사(예를 들어 해외고교 졸업자의 졸업 여부 등)는 평가에 참여하는 입학사정관 외의 사람들이 블라인드 처리를 담당해야 하기에 추가적인 인력이 필요하다.

사실 다년간의 평가를 해왔던 입학사정관이라면 블라인드 학생부로 고교유형을 유추할 수 있는 사례도 있지만, 지원자의 고교현황 및 구체적인 고교생활의 특성까지 파악하기는 쉽지 않은 일이다.

입학사정관의 지원자 1인당 평가시간이 절대적으로 부족할 뿐 아니라, 앞서 언급한 것처럼 평가정보가 투명하게 공개되지 않은 가운데 평가를 하는 것에 대한 어려움과 한계가 있다는 현장의 목소리도 있다. 어디서나 1등을 하는 일이 쉽지는 않지만, 내신 1등급이라고 다 같은 1등급이라고 볼 수는 없지 않을까? 개인차가 있기도 할 것이고, 고입을 통해 한 번의 필터링으로 걸러진 학교에서의

1등급과 일반고등학교에서의 1등급은 다를 수밖에 없다. 수치화된 등급만으로 학업역량을 평가하는 일은 상당히 조심스럽고 위험할 수도 있다.

고등학교를 서열화하고자 하는 것이 아니다. 고교블라인드로 인해 고교특성을 이해하는 데 어려움이 있음을 말하고 싶다. 이제까지 고교프로파일이나 공개된 정보를 통해서 현재 고교의 상황을 이해할 수 있었는데 고교블라인드 방침으로 학교의 특성에 대한 이해가 어렵게 되었다. 예를 들어, 보통교과 및 전문교과I 중 수강자 수가 13명 이하인 과목의 경우 학교에 따라 '석차 등급'을 기재할 수도 있지만 대부분 학교는 등급 대신 'ㆍ'을 기재한다. 이는 학교의 특성에 따라 불가피하게 소수가 듣는 과목을 개설할 수밖에 없는 사정 때문에 만들어진 규정인데, 이 규정의 취지와 다르게 때로는 내신등급 산출을 원하지 않아서 악용될 수도 있다. 이런 고등학교 환경이나 특성을 고교블라인드 및 고교프로파일 제출 금지 등으로 인하여 평가자는 지원자를 파악하고 최선의 평가를 하기에 어려움이 있다. 결국 입학사정관은 학교의 특성을 제대로 파악하지 못한 채, 밀려 있는 평가대상과 제한된 시간 속에서 쫓기는 마음으로 평

가해야 한다. 학생부종합전형은 종합적으로 평가하는 정성평가인

데 정량평가인 교과전형에서의 학업평가처럼 수치화된 내신등급

으로 평가해야 할까?

☑ **정량평가** : 객관적으로 수량화가 가능한 자료를 통한 양적
   기준의 평가
   ex) 학생부교과전형

☑ **정성평가** : 자료를 토대로 평가자의 척도에 따라 그 의미를
   찾고, 해석하는 종합적인 질적 기준의 평가
   ex) 학생부종합전형

※ 학생부종합전형은 정성평가로 이루어지며 대학별 차이가
   있지만, 정성평가의 중립성을 고려하여 최소 2~5인으로
   구성된 다중평가로 진행된다.

　　이런 함정에 빠지지 않기 위해서 입학사정관은 해당 전형의 평

가 기준에 따라서 여러 번의 모의평가를 실시하고 평가 관련 교육

을 받지만, 이것 역시 한계가 있다. 또한, 고교정보 공개로 고교프

로파일을 통해서 지원자 학교 활동의 사실 확인 및 특징을 파악할 수 있는데 이제는 학교생활기록부에 적힌 내용만으로 과연 과목개설이 안 돼서 지원자가 참여하지 못한 활동인지, 혹은 과목개설이 되었음에도 어떤 이유에서 굳이 선택하지 않은 활동인지 도통 알 길이 없다. 학교생활기록부 블라인드 처리의 부작용으로 앞으로는 내신성적이나 수상, 활동 경쟁이 치열한 학교보다는 무조건 내신 등급을 잘 받을 수 있는 학교로 전학을 가는 일도 생길 것이다. 이제는 더더욱 '모로 가도 서울만 가면 되지'라는 말이 굳건해지는 것 같다.

'공정성'이라는 것은 입시를 치르는 데 가장 중요한 요소 중 하나다. 공평한 기회를 통해서 자신의 실력을 발휘하고 이에 대한 정당한 결과를 얻는 것이다. 정유라 사건 이후 공정성이 더욱 중시되기도 하였고, 최근 조국(전 법무부 장관) 교수의 자녀 문제도 사회적 이슈가 된 것처럼 공정성은 입시에서 매우 중요한 가치이다. 그러므로 대입에 있어 학생부종합전형의 취지에 대해 초심으로 돌아가 심도 있는 고민이 필요할 것이다.

정유라 사건으로 인해 내가 입학사정관이 되도록 길을 열어주셨던 몇몇 보직자들은 재판을 받기 시작하였고, 그날 이후 뵙지 못하게 된 분도 계셨다. 그리고 폭풍 같은 시간 속에서 분명한 깨달음이 하나 있었다.

• • •

'입시에는 100점 아니면 0점'

모든 것이 완벽하다고 생각했지만

'공정성'이라는 것 때문에

0점이 될 수도 있다는 것이다.

세상 모든 일이 그렇겠지만

특히나 입시는 '적당히'라는 것이 없다.

공정성과 실력을 갖춘 100점이 아니면 0점.

결과적으로는

입시의 합격과 불합격이라는 결과가

이야기해주기도 한다.

합격했더라도 공정하지 못한 가운데 이루어진 것은 0점과 다를 바 없었다.

마치 외줄 타기처럼 조심 또 조심해야 하는 직업을 선택한 것이 명확해지는 2016년 그해 가을이었다.

그렇게 나에게는 파란 박스 트라우마가 생겼다.

2

행복은 성적순이 아니잖아요?

1989년, 대한민국의 뜨거운 교육열과 지나친 성적 경쟁을 비판한 영화가 나왔다. 2022년 현시대에만 과도한 교육열과 경쟁이 있는 것이 아니다. 이미 33년 전 강우석 감독의 작품인 〈행복은 성적순이 아니잖아요〉라는 영화도 당시의 교육열과 우리 아이들을 지치게 만드는 서열화가 되어버린 경쟁의 모습을 잘 반영하고 있다고 생각한다. 이 영화에서는 성적이 우수한 은주(이미연 분)가 성적하락을 견디지 못하고 안타깝게도 아파트 옥상에서 투신하고 만다. 본 영화는 성적 스트레스로 자살한 여중생이 남긴 유서의 마지막 문구를 영화 제목으로 정했다고 한다.

실제 대학수학능력시험을 마치고 나면 안타깝게 스스로 목숨을 끊는 수험생의 뉴스가 종종 보도되기도 한다. 본인만 불수능(어렵게 출제된 수능을 빗대는 말)이 아니라, 모두에게 불수능이었을 수도 있을 텐데 무엇이 그 수험생을 괴롭게 하였기에 귀한 목숨을 스스로 저버릴 수밖에 없었던 것일까? 수험생의 입장에서는 대학입시가 인생의 전부처럼 여겨지지만 이미 인생의 궂은 날과 맑은 날을 반복하며 살아온 어른이라는 입장에서는 답답하고 안타까울 뿐이다. 어른들이 그리 말하지 않던가? 이 산을 넘으면 또 다른 산이 나오는 이게 인생이라고. 당장은 수험생으로서 '전부' 같아 보이는 이 산도 넘고 나면 아무것도 아닐 테고 다른 산이 나올 테니 말이다. 그러나 이 아이들에게 자신의 목숨을 가볍게 여길 만큼 보이지 않는 무언가가 이들을 벼랑 끝으로 몰아붙인 것은 아닐지.

한국교육과정평가원의 「세계 각국의 대학입시제도 연구」에 따르면 미국의 대학입학시험 'SAT'는 연 8회 시행되며, 스웨덴, 핀란드, 멕시코는 연 2회 실시된다. 프랑스의 경우 본 시험은 1회 실시하지만, 1번의 재시험 기회를 부여하고 있다. 반면, 우리나라의 수능은 한 해에 한 번뿐이다. 초·중·고등학교 12년의 학창 시절의 학업결과를 대학수학능력시험 단 한 번으로 평가받는다고 할 수 있겠다. 시험 당일 컨디션 조절을 잘하는 것도 본인의 몫이고, 어떤 면에서는 소위 말하는 운이 필요하겠지만, 단 한 번의 기회로 대학입시의 결과를 마주하는 아쉬움이 생기기도 한다. 반수, 재수, N수(동일 시험에 N번 응시했다는 의미로 Number와 재수의 합성어)생은 아까운 청춘을 1년에 단 한 번 주어지는 기회를 추가로 부여받고자 보내게 된다. 또, 현역 고등학교 3학년은 대학수학능력시험에 응시를 할 수 있는 기회가 단 한 번이라는 생각으로 그 나이에 감당하기 힘든 과중한 스트레스를 받는다. 그래서 생긴 용어 중 하나가 '수능 대박!' 어느 정도의 실력을 갖춘 학생들을 전제로 이야기되는 것이겠지만 좋은 컨디션과 당일의 운으로 그날의 시험이 말 그대로 '대박' 난다는 것이다.

우리나라는 1994학년도부터 대학수학능력시험으로 선발하였고, 1997학년도에 수시전형이 도입되었다. 2008학년도에는 수시전형을 위하여 총 10개 대학에서 입학사정관제를 시범적으로 운영하기 시작했다. 지금 서울 주요 대학의 경우, 수시전형 중 하나인 학생부종합전형 비중이 전체 전형에서 40~50%가 넘어가는 일도 부지기수다. 지금 고등학교 재학생들이나 학부모, 교사들에게는 너무도 익숙한 '학종(학생부종합전형의 줄임말)'이라는 단어이지만, 학생부종합전형 운영 이전에 대학입시를 치른 세대에게는 '학종'이라는 단어가 생소하기만 할 것이다. 나 역시 입학사정관이라는 직업을 택하기 전까지는 그 단어가 낯설게 느껴졌으니 말이다.

'학생부종합전형'은 수능이나 교과전형처럼 성적순으로 서열을 세워서 선발하는 전형이 아니다. 성적이 중요하지만, 수능이나 교과전형처럼 절대적이지 않다. 예를 들어, 내신등급이 1.3 등급(주요 과목)과 1.5등급(주요과목)의 지원자가 있다고 하자. 학생부종합전형에 대한 이해도가 크지 않다면 일반적으로 당연히 1.3 등급의 학생이 합격해야 한다고 생각할 것이다. 그런데 학생부종합전형의 특성상 1.5등급의 학생이 합격할 수도 있다. 즉, 이러한 평가방법은 '정성평가'인데 학업역량, 전공적합성, 발전가능성, 인성 등 종합적인 고교생활의 평가를 토대로 학생을 선발하는 것이다. (참고로 평가요소는 각 대학과 전형마다 차이가 있다)

1,3등급 지원자의 불합격 사유는 주요과목 성적은 우수하지만, 그 외의 과목들을 적당히 이수했을 수도 있다. 여기서 '적당히'라는 말은 주요과목들은 우수한 데 비해 그 외의 다른 과목들의 중요도를 적게 둔 것이다. 이것은 산출된 학업성적뿐 아니라, 전반적인 학교생활기록부를 통해서도 유추할 수 있다. 이런 부분들은 교사가 작성한 학교생활기록부에서도 간접적으로 읽을 수 있다. 물론, 학교생활기록부 기재요령의 특성상 부정적인 내용을 기재할 수 없게 되어 있고 교사마다 그 표현 방법이 다르기도 하다. 그러나 학교생활기록부, 추천서 등을 통해서 수많은 학생을 평가한 입학사정관이라면 소위 말하는 주류 과목과 비주류 과목을 스스로 나누어 교과를 대하는 학생의 태도를 어느 정도는 예측할 수 있다. 다만 앞에서 이야기한 주류 과목과 비주류 과목이라는 구분은 다소 조심스럽다. 개인적으로 모든 교과목이 중요하고 필요하며, 이를 헌신적으로 가르치는 교사들을 존경한다.

Tip1   수능최저학력기준은 지원자격 조건일 뿐

다음으로 학생부종합전형에서는 '수능최저학력기준'을 두어 일차적으로 지원자를 걸러내고 있다. 대개는 상위권 대학일수록 수능최저학력기준이 높으며, 이는 지원자격을 의미한다. 여기서 많은 학부모가 수능등급이 수능최저학력기준을 충족하는가를 넘어 점수로 반영되는지를 질문하는데 수능등급은 지원자격 충족 외에 별도의 평가요소로 반영되지 않는다. 수능최저학력기준은 국가대표 선수가 올림픽에 참가 가능 여부만 결정할 뿐 올림픽에서 메달 획득 여부를 결정하지 않는다는 것이다. 예를 들어, A대학의 B전형 수능최저학력기준은 '4개 영역(국어, 수학, 영어, 탐구) 중 3개 영역 이상 3등급 이내'이다. 즉, 수능최저학력기준이 적용되는 B전형은 수능등급이 지원자격 충족 외에는 반영되지 않으므로 '국어, 수학, 영어, 탐구' 중 3개 영역이 각각 3등급 이내이면 수능등급은 합격 여부에 영향을 미치지 않는다.

이렇게까지 구구절절 설명했음에도 불구하고, 아직도 입시는 성적순이라는 생각에서 벗어나지 못하고 있는 것이 어쩔 수 없는 현실이다. 대입 입학사정관으로 근무하며 교사, 학부모, 학생 누구를 만나든 듣는 첫 마디가 "몇 등급이어야 가능한가요?", "성적이 제일 중요하죠?"이다. 입학사정관은 만나는 사람마다 "내신등급으로만 선발하는 것이 아니라…."는 말을 시작으로 학생부종합전형에 대하여 설명한다. 이런 반복되는 질문 앞에서 녹음기라도 틀어놓고 싶은 심정이다. 내신등급으로 줄을 세우는 정량평가는 학생부종합전형이 아니라 교과전형(내신등급을 정량화해서 반영하는 평가방법으로 내신성적이 절대적으로 중요하다)이라고 여러 번 애써 말해도 "그래도 성적이 중요하지 않아요?"라는 질문이 기다리고 있을 뿐이다.

학생부종합전형은 대학수학능력시험처럼 12년의 학업결과가 단 하루의 시험으로 나오는 것이 아니라, 고교생활 3년 동안 누적된 학업과 학교생활이 녹아 있는 것이다. 로마가 하루아침에 이루어지지 않은 것처럼 하루, 일주일, 한 달, 1년 그렇게 차곡차곡 쌓인 결과물이다. 매년 교육부는 '학교생활기록부 기재요령' 발표를 통해서 학교생활기록부에 기재 가능한 내용이나 금지사항, 글자 수 제한 등에 대한 공통 틀을 제시한다. 하지만 학교생활기록부에 기재된 내용은 학교마다, 교사마다 차이가 있을 수밖에 없는 것이 현실이다. 이러한 이유로 일선에서는 학생부를 잘 기재해주는 교사가 인기 많다는 이야기를 들은 적도 있다. 또 교사 업무의 과중이나 내용에 대한 불만 토로 등으로 인해서 학생에게 학생부에 기재될 기본적인 내용을 셀프 학생부로 써서 제출하라는 교사도 있다고 한다. 물론, 교사의 심정이 이해되지 않는 것은 아니다. 적게는 수십 명, 많게는 수백 명 학생을 가르치는 교사의 입장에서 모든 학생 한 명 한 명을 눈여겨보고, 이를 학교생활기록부에 상세히 기록해주는 일은 여간 어려운 일이 아닐 것이다.

학생부종합전형은 교과와 비교과, 크게 두 가지로 구분할 수 있다. 입학사정관은 교과인 내신등급 외에 비교과인 수상경력, 창의적 체험활동상황, 교과학습 발달상황, 행동특성 및 종합의견 등 모든 항목에서 전반적인 지원자의 학교생활을 비롯한 특징을 읽고 이를 바탕으로 평가한다. 예전에는 교과를 학업성적으로, 그 외에 활동은 비교과로 나누기도 했으나 현재는 이를 구분하기보다는 종합적으로 평가한다. (개인적으로는 교과와 비교과를 이분법적으로 나눠서 평가

이에 따라 학교생활기록부를 기재하는 교사도 각각의 항목들을 개별적 항목으로 기재하는 것이 아닌 유기적인 연결고리를 가지고 기재하고자, 지속적인 학교생활기록부 기재 관련 교사 대상 연수나 전년도 합격생 분석을 하는 등의 노력을 기울이고 있다.

그러나 이처럼 비교과를 고려하다 보니 학생부종합전형이 소위 말하는 '금수저 전형'이 될 우려가 있다. 이런 문제 때문에 교육부에서는 학생부 비교과라도 학교생활 위주의 활동을 기재하도록 강조하고 있으며, 지원자가 이를 위반할 시에는 지원 대학의 입학처 공정관리위원회의 안건으로 불이익을 받을 수 있다. 또한 자기소개서에도 한국대학교육협의회에서 제공하는 「자기소개서 작성 유의사항」을 통해 제한하는 활동, 부모의 사회적·경제적 지위를 암시하는 내용 등을 기재 시에는 불이익을 받게 된다. 예를 들어, 자기소개서 작성 유의사항에 따라 올림피아드 수상내역을 기재하면 "0점"(불합격)으로 처리된다. (공통양식인 「자기소개서 작성 유의사항」 46페이지 참고)

그렇다면 학생부종합전형으로 대학입시에서 좋은 결과를 얻기

2022학년도 자기소개서 작성 유의사항

1. 자기소개서는 지원자 본인이 작성하여야 하고, 사실에 근거하여 정직하게 지원자 자신의 능력이나 특성, 경험 등을 기술하여야 합니다.

2. 대학이 자기소개서에 기술된 사항에 대해 사실 확인을 요청하는 경우 지원자는 적극 협조하여야 합니다.

3. 대학은 제출된 자기소개서의 표절, 대리 작성, 허위사실 기재, 기타 부정한 사실 등의 검증을 위해 유사도 검색을 실시하고, 해당 사실이 발견될 경우 지원자는 불합격 처리되며 합격 이후라도 입학이 취소될 수 있습니다.

4. 자기소개서에 다음 사항을 기재할 경우 서류 평가에서 "0점"(불합격) 처리됩니다.

   1) 공인어학성적

   > 영어(TOEIC, TOEFL, TEPS), 중국어(HSK), 일본어(JPT, JLPT), 프랑스어(DELF, DALF),
   > 독일어(ZD, TESTDAF, DSH, DSD), 러시아어(TORFL), 스페인어(DELE), 상공회의소한자시험,
   > 한자능력검정, 실용한자, 한자급수자격검정, YBM 상무한검, 한자급수인증시험, 한자자격검정

   2) 수학·과학·외국어 교과에 대한 교외 수상실적

수 학	한국수학올림피아드(KMO), 한국수학인증시험(KMC), 전국창의수학경시대회, 도시대항 국제수학토너먼트(ToIT), 국제수학올림피아드(IMO)
과 학	한국물리올림피아드(KPhO), 한국화학올림피아드(KChO), 한국생물올림피아드(KBO), 한국지구과학올림피아드(KESO), 한국천문올림피아드(KAO), 한국뇌과학올림피아드(KBSO), 한국중등과학올림피아드(KJSO), 국제물리올림피아드(IPhO), 국제화학올림피아드(IChO), 국제생물올림피아드(IBO), 국제지구과학올림피아드(IESO), 국제천문올림피아드(IAO), 국제뇌과학올림피아드(IBB), 국제중등과학올림피아드(IJSO)
외국어	전국 초중고 외국어(영어, 중국어, 일본어, 프랑스어, 독일어, 러시아어, 스페인어) 경시대회, 국제영어대회(IET), 글로벌 리더십 영어경연대회(GLEC), 국제영어논술대회(IEEC), 영어글쓰기대회, 영어말하기대회

   - 위에서 열거된 항목 외에도,
     대회 명칭에 수학·과학(물리, 화학, 생물, 지구과학, 천문)·외국어(영어 등) 교과명이 명시된 교외 각종 대회(경시대회, 올림피아드 등)의 수상실적을 작성했을 경우 "0점"(불합격) 처리
   - '교외 수상실적'이란 학교 외 기관이 개최한 대회 수상실적을 의미하며, 학교장의 참가 허락을 받은 교외 수상실적이라도 작성 시 "0점"(불합격) 처리

5. 학생부위주전형의 자기소개서는 공교육 내에서 이루어진 활동을 작성하는 취지이므로 학교생활기록부에 기재할 수 없는 항목[교외 수상실적, 교외 인증시험 참여 사실이나 성적, 논문 등재나 학회 발표, 도서 출간, 지식재산권(특허, 실용신안, 상표, 디자인) 출원이나 등록, 해외 활동실적 등]은 작성할 수 없고, 어학 연수 등 사교육 유발요인이 큰 교외 활동의 경우에도 작성이 제한됩니다. 이를 준수하지 않았을 경우 평가에서 불이익을 받을 수 있으니 작성을 금지합니다.

6. 학생부위주전형의 자기소개서는 지원자 본인의 강점을 부각시키기 위해 작성하는 것으로 지원자 성명, 출신고교, 부모(친인척포함)의 실명을 포함한 사회적·경제적 지위(직종명, 직업명, 직장명, 직위명 등)를 암시하는 내용을 기재할 경우 평가에서 불이익을 받을 수 있으니 작성을 금지합니다.

7. 표준 공통원서접수서비스를 활용하는 경우 자기소개서 작성 시 입력 허용 문자는 영문자, 숫자, 한글만 가능합니다. 특수문자는 아래의 특수문자 및 기호만 입력이 가능합니다.

   - 허용 문자 및 기호 ~ !@#^()-_+/{}[]:"'‥?
   - 한컴 오피스 한글 문자표 및 윈도우 한자키를 이용한 특수문자는 입력이 허용되지 않습니다.

   본인은 자기소개서 작성에 관한 유의사항을 숙지했으며,
   유의사항 위반에 따른 조치에 대해서는 이의를 제기하지 않겠습니다. (동의 ☐)

위해서는 어떻게 하면 좋을까? 특히, 이 책을 읽고 있는 학부모나 학생, 교사라면 이에 대한 답변을 듣기 위해 책을 펼쳤을지도 모르겠다. 입시는 전략이다. 옛말에도 지피지기 백전불태(知彼知己 百戰不殆)라는 말이 있다. 상대를 알고 나를 알면 백 번 싸워도 위태롭지 않다는 뜻이다. 수시전형은 6장의 원서를 쓸 수 있는데 이 카드를 전략적으로 사용하는 것이 중요하다. 같은 학교라도 전형별, 모집단위(대학에서 학생을 모집하는 단위로 계열모집, 학부모집, 학과모집이 있다. (2021년 입시용어사전))별로 차이가 있다. 지원자풀이 각각 다르므로 같은 학교에 동일 모집단위, 다른 전형으로 지원했다고 해도 상황에 따라서 전형별로 합격과 불합격이 갈릴 수 있다. 그래서 지원한 학교나 전형마다 선발 인재상에 대한 정확한 파악이 필요하다. 우리가 물건을 살 때 '니즈(needs)'에 의해서 구입하는 것처럼 입시에서 상대방이 원하는 것이 무엇인지 알아야 한다.

나는 상담하러 오는 학부모나 학생들에게 꼭 해주는 한 마디가 있다. 사람도 내가 좋아하는 사람에게는 지속적인 관심을 가지게 되고, 그 사람을 향한 시선이 반짝일 수밖에 없지 않은가? 수험생활로 바쁠지라도 꼭 입학하고 싶은 학교라면 잠시 시간을 내서 캠퍼스를 직접 밟아보는 것은 중요한 일이다. 요즘은 대학별 홍보를 위한 다양한 SNS를 운영 중이기도 하기에 학교 홈페이지나 입학처 홈페이지 등을 통해 내가 지원하고자 하는 학교에서 어떤 이슈가 있는지 등에 관심을 가질 수 있는 여러 길이 있다. 학생부종합전형은 대부분 단계별 선발로 진행하게 되는데 서류가 해당 전형의 기준에 도달했는지 심사하고 평가하는 서류평가 사정을 거쳐 면접전형이 진행된다. 이 면접전형을 통해 충분히 본교에 대한 애정 어린 시선과 태도는 드러나기 마련이다.

대개 지원자는 상담을 오면 자신의 장점보다는 단점을 나열하기 바쁘다. "~부분이 부족한 것 같은데요."라면서 시작하는데 장기 결석이나 학교폭력과 같은 치명적인 문제가 아니라면 굳이 단점에 대해 걱정하지 않도록 이야기한다. 입학사정관은 수도 없이 많은 학생을 평가하는데 그 지원자의 단점을 보기에는 에너지 소모가 너무 크고, 시간도 역부족이다. 본인이 여태까지 잘해오고 자랑할 만한 활동들을 비롯한 장점을 잘 정리하는 것이 원하는 학교로 갈 수 있는 합격의 지름길이라고 생각한다.

전략적으로 6장의 카드를 성적보다 상위인 '소신지원', 적정 성적에 맞는 '안정지원', 안정 성적보다 하위인 '하향지원' 등으로 분산하여 지원하기를 권장한다. 본인이 생각하는 것보다 학교를 하향지원하게 되면 '수시납치'가 두려워서 안정선까지만 지원하는 학생도 있다. (수시납치는 수시전형에서 합격하면 정시 수능 성적과 상관없이 무조건 합격한 학교에 가야 하는 것을 의미한다)

하향지원의 경우도 선택이다. 재수 혹은 N수생을 비롯하여 합격 자체가 중요하거나 안정성을 추구하는 지원자의 경우 하향지원을 선택하기도 한다. 어쨌든 6장의 카드를 적절하게 잘 쓰는 것도 전략이고, 최대한 효율적으로 지원하여 좋은 결과를 얻기 위해서는 재학 중인 고3 담임교사나 진학 담당교사 혹은 입시기관, 각 대학교 입학처 상담 등의 여러 루트를 통해서 상담할 수 있다. 이런 방법 외에 사교육 시장의 컨설팅 도움을 받기도 한다.

눈에 보이는 성적순으로 서열화되지 않으니 기존의 교과전형에 익숙해져 있는 사람들은 학생부종합전형을 '깜깜이전형'이라고 일컫기도 한다. 실제로 합격을 포기한 학생들의 빈자리를 채우는 충원 전화를 하면서 등록 포기 의사를 밝히는 학생에게 입학을 선택한 다른 대학명을 물어보면 학생은 본인의 선택에 따라 답변을 해주기도 한다. 물론 답변이 필수가 아니므로 굳이 답을 하지 않는 경우도 제법 있다.

성적순이라면 당연히 합격했을 A대학은 불합격하고, 불합격할 B대학은 합격하는 사례도 종종 있었다. 이에 대하여 수험생의 학부모는 매우 당황해하면서 A대학은 불합격했는데 어떻게 B대학에 합격을 했는지 이상하다고 말하기도 한다. 결국 이는 학생부종합전형이 성적만으로 줄 세우기를 하는 전형이 아니라는 것을 보여주는 것이며, 지원자는 지원자풀, 대학별, 전형별로 평가되므로 전략이 중요함을 역설하는 것이다.

시중에 학생부종합전형과 관련된 다양한 정보가 담긴 책들이 있지만, 객관적인 정보에 불과하고 수험생마다 개별 상황이 다르므로 본인의 수준을 진단하기란 쉽지 않다. 또한, 공식적으로 안내되는 모집요강 외에 어떤 사례나 의견을 일반화하기에는 오류가 있을 수 있다. 그러므로 지원자는 자신의 개별 특성에 대하여 파악하고, 나아가 대학마다 다른 인재상이나 전형의 특징을 숙지해야 한다. 만약 혼자 하기 어렵다면 진학 담당교사나 관련 전문가의 도움을 받는 방법도 있다. '전략을 잘 세울수록 지원자가 선택할 수 있는 운신의 폭이 넓어진다.

'행복은 성적순이 아니잖아요'를 학생부종합전형이 대변해줄 수 있는 것은 아니지만, 이 장을 통해서 기존의 점수로 서열화된 대학 입시로부터 한 걸음 물러나서 학생부종합전형에 대한 오해를 풀고

싶었다. 무엇보다 다양한 학교에서 경력을 쌓은 대입 입학사정관
으로서 학생부종합전형은 입시전형 중 중요한 하나의 기회로 여겼
으면 하는 바람도 있다.

• • •

이 장을 마치며 꼭 하고 싶은 가슴을 울리는 소리가
있다. 전국 2,367개의 고등학교는 대학입시를 치르기
위해서 다니는 입시학원이 아니다. 대학입시만을 위한
다면 굳이 학교에 가지 않고 대학수학능력시험만 준비
해도 되지 않을까? 열일곱, 열여덟, 열아홉의 나이에만
학교와 친구들을 통해서 배우고 얻을 수 있는 것이 있
다. 그것이 무엇인지 지금 이 자리에 서 있는 나부터 생
각해보았으면 한다.

'행복은 성적순이 아니니까….'

3

물음표에서 마침표까지

'피로회복제, 졸음방지 껌, 컵라면, 초콜릿류…' 그리고 필요한 문구용품을 하나씩 나열해서 정리해본다. 물품 목록에 적힌 것들을 하나씩 챙기다 보니 어느덧 60가지가 넘는 물품을 챙겨야 한다. 모르는 사람이 보면 밤샘 근무라도 하는 건가 싶은 물품 목록이겠지만 이는 출제본부 입소 전 챙겨야 할 물품들이다. 여기서 '출제본부'는 대학별 고사인 논술전형, 제시문 기반 면접전형 등의 문항 출제를 위해 합숙하는 곳을 의미한다. 대학수학능력시험이나 각종 국가고시도 출제위원을 선발하여 정해진 기간 합숙을 하며 문항 출제를 하는 것처럼, 대학별 고사도 철저한 보안 속에서 대학마다 출제본부가 운영된다. 이렇게 물음표로 시작되는 출제를 마침표까지 무사히 마무리하기 위해서는 많은 수고와 노력이 필요하다.

논술전형이 현재 폐지된 대학교도 있지만, 아직은 상당수 학교가 논술전형을 운영하고 있다. 논술전형은 인문계열과 자연계열뿐 아니라 의과대학의 경우 의학계열 논술까지 있으므로 대략 3박 4일부터 4박 5일 정도의 일정으로 진행된다. 각 대학에서 요구하는 인재를 선발하기 위해서 수능 출제만큼이나 공정성과 난이도 조절에 심혈을 기울이고, 특히 출제교수 섭외 및 이전 년도 기출문제 분석 등 많은 수고가 필요하다. 출제위원은 서약서 서명을 시작으로 휴대전화 전원 종료 후 출제본부 담당 직원이나 담당 입학사정관에게 휴대전화를 반납하게 되면서 세상과 단절의 시간이 시작된다.

출제본부 장소를 섭외하는 일도 만만치 않다. 학교마다 차이는 있지만 같은 장소에서 매해 진행하게 되면 보안상 문제의 소지가 생길 수도 있으므로 장소를 변경하기도 하며, 결국 진행하는 모든 상황은 극비리에 이루어진다고 보면 되겠다. 철저한 보안을 위해서 출제본부 메인홀에는 CCTV를 설치하고, 보안요원이 상주하며 예기치 못한 상황을 대비한다. 4~5일이라는 시간 동안 속세를 떠나서 핸드폰 없이 지내는 일이 첫날은 어색하지만 2, 3일째가 되면 눈을 뜨고 있는 시간 동안 얼마나 스마트폰과 일심동체가 되어 살고 있는지를 새삼 깨닫는다고 출제위원들은 이야기한다. 외부 출입이 어려우니 식사도 배달해야 하는 상황이고, 담당 입학사정관은 급식 영양사가 되어서 식사 메뉴 및 간식 준비와 더불어 출제 관련 필요한 교과서나 요청하는 자료를 챙겨서 제공해야 한다.

감금되어 있다고들 말하는 출제본부의 특성상 운동을 할 만한 공간도 딱히 없고, 날이 지날수록 시간의 압박이 있다. 종일 먹고 출제하면서 같은 공간에 갇혀 있다 보니 어느 교수님은 변비약을 요청하기도 한다. 그래서 꼭 필요한 것 중 하나가 '유산균'이다. 요플레, 요구르트와 같이 배변 활동에 도움을 줄 만한 것을 챙기는 것은 기본 센스다.

출제본부 기간 내내 무척이나 피곤하지만, 수능 이후 코끝을 찡

하게 하는 추위를 맞이하며 논술고사장에서 만났던 수험생들의 초
조함과 간절함을 떠올리면서 다시금 꺼져가는 정신을 부여잡는
다. 지난 12년간 애쓰고 노력했던 지원자들이 대학이라는 제2의
인생을 시작하는 중요한 시점인 만큼 최대한의 효율성과 흐트러지
지 않은 공정성의 잣대로 최선을 다해 출제본부를 지원한다.

　멀끔한 모습으로 입소했던 출제위원들의 모습은 어디로 갔는지
홈웨어를 비롯한 운동복을 입고 이틀은 머리를 감지 않은 것 같은
출제위원도 슬슬 눈에 띄기 시작한다. 고시생이라고 다 그런 것은
아니지만 흔히들 TV에서 볼 수 있을 법한 선입견이 생기는 고시
생 모습 같다고 생각하면 얼추 비슷할 것 같다. 이 와중에도 잠은
언제 주무시나 싶을 정도로 가장 먼저 아침에 일찍 일어나서 매일
같이 목욕재계 후 모닝커피를 드시는 분도 있다.

　논술고사 하루 전날이면 모든 시험지가 완성되고 공정관리위원
회 교수님 및 보안직원은 출제 시험지와 USB를 들고 시험지를 출
력하는 인쇄소로 향하게 된다. 인쇄소로 향하기 전 수험생들이 최
대한 편하게 문제 풀이를 할 수 있도록 시험지를 편집하는 일은 출
제장 담당 입학사정관이나 교직원의 몫이다. 쫓기는 시간 속에서

지난날 문서 편집의 내공을 십분 발휘하기도 한다. 분명 잘 알았던 문서 편집 매뉴얼인데 공정관리위원회 교수님이 옆에 계시니까 괜스레 긴장도 되고, 시간은 자꾸 가니 마음이 급하다. 정해진 시간에 최대한 빠른 편집 작업을 마쳐야 하는데 진땀이 난다. 오탈자와 문장 구성을 포함한 시험지를 수백 장 출력하여 수정 또 수정한다. 오류가 난 출력 시험지는 출제본부 퇴소 시 잘 패킹해서 폐기해야 하므로 놓치지 않도록 표시 후 '폐기 상자'라고 적힌 박스에 보관한다. 이렇게 많은 과정을 거친 후 논술고사나 제시문 기반 면접전형의 문항들이 완성되어서 수험생을 만나게 되는 것이다. 학교마다 차이가 있지만, 어느 학교의 경우 난이도 조절을 위해서 올해 입학한 신입생 중 일부를 선발하여 서약서 작성 후 휴대전화를 반납하도록 하고, 철저한 보안요원 관리하에 문제를 풀어보기도 한다.

고사 당일 새벽 시간, 인쇄소에서 보안요원과 담당 입학사정관은 시험지를 이송하여 고사장으로 이동한다. 비몽사몽 졸리지만, 핫식스 한 캔을 마시고 정신력으로 버틴다. 고사장에 시험지가 잘 도착해서 시작종이 울린 후 어느 정도 시험 시간이 지나고 나면 출제 문항에 큰 오류가 없음을 인지하고 나서야 잔뜩 긴장했던 몸이

나른해진다. 출제본부에서 유산균으로도 효과가 없었던 나의 위장은 움직이기 시작하며 이제 소화가 되어서 화장실로 총총총.

면접전형의 경우 '제출서류 기반 면접, 제시문 면접, 인성 면접' 등으로 나눌 수 있겠다. 제출서류 기반 면접은 지원자가 제출한 서류(학교생활기록부, 자기소개서 등)를 중심으로 진행되는 면접이다. 입학사정관인 나 역시 면접위원으로 면접전형에 참석하다 보면 본인이 제출한 서류인데도 긴장을 한 탓인지 얼버무리며 정확하게 대답하지 못하는 학생을 본 적도 있다. 결국에는 눈물을 터뜨리는 학생, 이 학교가 너무 오고 싶다고 꼭 뽑아달라며 마지막 한 마디에 울먹이는 학생, 지원 대학의 단과대학 사이트에서 교수님의 사진을 봤다면서 그 얼굴을 기억하고 ○○○ 교수님의 이름을 외치는 학생, 그리고 오른손을 살짝 들고서는 "잠시 생각할 시간을 주시겠습니까?"라며 답변을 위해 생각할 시간을 요청하는 학생, 지원 대학교의 교가를 부르는 학생까지 무엇을 상상하든지 그 이상으로 다양한 학생들을 만나게 된다. 한 번은 의류산업학과 면접위원으로 참석했는데 지원자 학생이 지금 입고 있는 옷을 가리키며 본교에 오기 위해서 직접 만들었다는 학생도 있었다. 물론, 공정한 심사 기준에 따라서 평가할 뿐, 본인이 의상을 제작했다고 플러스 요인이 되는 것은 아니니 오해는 없기를 바란다. 단지 기억에 남는 학생이었기에 적어본다.

요즘은 블라인드 면접으로 진행되다 보니 재학 중인 고교정보를 알리지 않기 위해서 교복 착용을 금지하고 있다. 단, 사복 착용으로 면접전형에 응시하게 되면 의상에 대한 부담감이 있을 수 있으므로 실제 내가 근무한 대학 중 일부 대학은 일괄적으로 가운을 입혀서 면접을 진행하기도 한다. 반면에, 사복 착용이 허용된 학교는 면접에 응시하는 수험생들이 교복도 아닌데 교복인 것 같은 비슷한 스타일의 면접 복장으로 입실하기도 해서 입시 도우미 학생들에게 이 상황에 대하여 물어보기도 했다. ○○대학교 입시에서는 흰색 셔츠에 회색이나 감색 카디건을 입으면 좋다는 정보가 선배나 학원가, 온라인 카페를 통해서 공유된다고도 한다.

'제시문 면접'의 경우, 주어진 시간 안에 빠르게 제시문을 읽고 출제자의 의도를 파악하는 것이 매우 중요하다. 밀폐된 한 공간에 2~3명의 면접관이 수험생 앞에 앉아 있고 '삐빅'소리를 내며 스톱워치가 시작되는 순간은 면접에 응시하는 학생의 입장에서 상당히 긴장되는 시간일 것이다. 평소 문제 해결 능력이 뛰어난 학생이더라도 하얀색은 종이요, 까만색은 글씨라고밖에 보이지 않을 수 있다. 맞은 편 면접위원들에 대한 신경은 잠시 접어둔 채 평소에 혼자 하던 것처럼 자연스레 문제를 읽고 해결하는 데에 필요한 집중력을 온전히 발휘할 수 있는 사람이 승자이다.

'인성 면접'은 진정성 있게 답변하는 것이 중요하고 필요하다. 실제 면접위원으로 면접전형 진행을 하면 대부분 학생이 면접 대본을 써서 단순 암기한 티가 많이 나는 편이다. 그러나 이런 학생은 준비한 것에 비해 좋은 점수를 받기 어렵다. 그 이유는 아무리 좋은 예상 답안이나 면접 대본이라도 그것을 '단순 암기'하였기 때문이다. 즉, 고득점의 관건은 답안을 '내재화'시켜야 한다. 이미 수

백, 수천 명의 지원자를 만난 입학사정관은 서두에 몇 마디만으로 어느 정도 지원자에 대한 예측이 가능한 것도 사실이다. 누군가의 이야기가 아닌, 특히 누군가가 써준 것이 아니라 '나만의 이야기'의 진정성은 이심전심으로 면접위원에게 전해지기 마련이다.

Tip5 제시문 기반 면접은 기출문제

'논술전형이나 면접전형이 제시문 기반'인 경우 지난해 입시 결과를 대입전형 선행학습 영향평가, 「공교육 정상화 촉진 및 선행교육 규제에 관한 특별법」에 따라 매년 발표하게 된다. 이에 따라, 대부분의 학교는 수험생에게 정보제공 및 안내를 위해서 각 대학 입학처 홈페이지에 전년도 기출문제를 게시한다.

이를 분석해보면, 학교마다 출제 경향과 그 유형을 어느 정도 추론할 수 있다. 그러므로 논술전형이나 면접전형처럼 대학별 고사가 운영되는 학교의 경우 해당 대학 입학처 홈페이지에서 기출문제를 통해 도움받을 수 있음을 명심하길 바란다. 특히, 전년도를 포함하여 최소 3년 치 정도의 기출문제로 대학별 출제 경향성을 파악하는 것을 추천한다.

앞서 설명한 기존 면접전형들과는 다르게 진행되는 것 중 하나가 의과대학 면접이다. 현재 서울대학교 의과대학, 성균관대학교 의과대학, 울산대학교 의과대학 등 몇몇 의과대학에서는 MMI면접을 운영한다. 울산대학교 의과대학을 예로 들면 50분 동안 5개의 방에서 면접이 진행된다. 제시문을 통해 지원자의 인성, 적성을 비롯한 기본적인 학업수행능력을 평가한다. 물론, 제시문의 내용은 앞서 언급한 「공교육 정상화 촉진 및 선행교육 규제에 관한 특별법」에 따라 고등학교 교육과정 내에서 출제하도록 한다. 이를 확인하기 위해서 일부 신입생을 선발하여 전형별 문제의 난이도를 점검하는 일도 한다. 학교로서는 좋은 문항을 통해서 미래의 의사가 될 인재를 선발해야 하는 일이므로 면접과 관련하여 면접위원 교육, 연구 등에 많은 투자를 한다.

이렇게 5개 세션으로 오랜 시간 면접을 진행하면 자연스레 지원자의 본성이 드러나게 마련이다. 아무리 면접 연습을 하였다 하더라도 아직 그 본성을 쉽게 감추기 어려운 10대 후반의 청소년일 뿐이다. 결국에는 이 압박 면접을 이기지 못하고 면접을 포기하는 수험생이 생긴다. 마지막 단계의 면접 하나만 잘 마치면 100점인데 어떤 압박감에서인지 중도 포기하여 0점으로 마무리하는 사례도 발생한다.

단계별 전형을 통해서 서류전형에 합격 후, 면접전형 대상자로 입실했음에도 불구하고 면접을 거부하는 수험생도 있다. 부모님에 의한 타의적인 면접장 입실이었는지 아니면 아무도 알 수 없는 본인만이 느끼는 면접 대기실에서의 어떤 압박감과 부담으로 포기하고 싶은 마음이 든 것인지 모르겠지만 말이다. 이런 경우라도 소송이나 신문고를 통한 민원 등 만약의 사태에 대비하여 지원자는 '면접포기각서'에 서명을 한 후에야 퇴실할 수 있다.

누군가는 추가적인 면접전형의 불필요성에 대해 논하기도 하지만, 개인적으로 초등교사를 양성하는 교육대학교와 의사를 양성하는 의과대학에서 근무한 입학사정관으로서 교대와 의대는 다른 모집단위와 대비해 직업에 대한 사명감을 살펴보는 추가적인 전형이 요구된다고 생각한다. 세상의 모든 직업이 중요하지만, 특히 교사와 의사는 사람의 생명을 살리는 일이기 때문이다.

• • •

칼릴 지브란(Kahlil Gibran)의 말처럼

"교육은 그대의 머릿속에 씨앗을 심어주는 것이

아니라 씨앗을 자라나게 해준다" 는 것임을 믿기에.

4

코로나 속의 Corona

'2021학년도 대학수학능력시험, 2020년 12월 3일로 2주 연기'

대한민국 수학능력시험 사상 최초로 2018학년도 수능이 포항 지진으로 인하여 1주일 연기되었다. 그리고 2년 뒤, 2020년 11월 19일로 예정되어 있던 2021학년도 대학수학능력시험이 코로나19 팬데믹(COVID-19 Pandemic)으로 2주 연기되었다.

대학수학능력시험의 일정 연기는 수험생뿐만 아니라, 입시를 진행하는 각 대학 실무자들을 더욱 혼란스럽게 했다. 대학수학능력시험이 연기됨으로 이후 진행되는 논술전형 및 정시전형 일정도 미뤄질 수밖에 없었다. 또한, 대학별 정시모집 정원을 마무리하기 위해서는 입학 포기 정원에 대한 충원 일정을 진행해야 하는데 안 그래도 촉박한 일정 속에서 그 부담은 더욱 가중되었다. 어쩌면 충원 이후 추가모집이 있는 대학교는 2월을 맞이하기가 더 두렵지 않았을까 싶다. ('추가모집'은 수시모집 및 정시모집 모집단위의 충원 결과에 따라 충원 이후에도 대학별 결원이 발생할 경우, 3월 학기 시작 이전에 그 결원을 추가로 선발하는 것을 의미한다)

어느 날 갑자기 예상치도 못하게 찾아온 신종 코로나 바이러스는 우리들의 몸과 마음을 움츠리게 하는 데 충분했다. 코로나19로 인해 2020년의 고3은 여느 고3과는 다르게 학교 교내 활동에 제한이 있을 수밖에 없었을 것이다.

그래서인지 2020년도 고등학교 3학년은 지난해 졸업생이나 지지난해 졸업생과 대비하여 불리하다고 생각하였다. 실제로 고등학교 3학년 수험생이나 학부모, 입시를 담당하는 3학년 교사들은 코로나19로 2020년 고등학교 3학년 학생들이 다른 해에 비해 많은 교내 활동을 하지 못했고, 따라서 학교생활기록부의 기재 내용이 상대적으로 빈약하므로 혹시나 이와 관련한 불이익이 있지 않겠느냐는 문의를 많이 하였다.

〈한국경제〉에서 설문 조사를 한 결과에서도 고등학교 3학년 학생 10명 중 9명은 "재수생과의 경쟁에서 불리하다"라고 답변하였다. 설문 조사는 316명을 대상으로 3일 동안 진행되었고, 약 72.78%(230명)는 '고3이 재수생보다 불리하고 극복이 불가하다'라고 응답하였다. (한국경제, 2020. 06. 04.)

이 여론조사가 나온 후, 교육부는 보도자료를 통해 각 대학에 2020년 현재 고등학교 3학년 학생에게 불리함이 적용되지 않도록 권고하며, 완화할 수 있는 부분은 대학별 자체적인 자율성에 의해서 고려하도록 안내하였다. 결국, 전국 40여 개 4년제 대학은 전형운영 혹은 평가방식을 변경했고, 서울대학교는 지역균형선발전형의 대학수학능력시험 최저학력기준을 '4개 영역(국어. 수학. 영어. 탐구) 중 3개 영역 이상 2등급 이내'에서 '4개 영역 중 3개 영역 이상 3등급 이내'로 완화하기도 했다.

(사실 3학년의 경우, 고등학교 1, 2학년에 비해서 많은 교내 활동을 하기보다는 대입을 위한 시험 준비를 위해 1년을 보내고, 특히 3학년 1학기 말 기준으로 수시 원서를 작성하므로 고3 시기에 코로나19는 수시전형에 별 영향이 없을지도 모른다)

이제 나에게는 더 어려운 평가가 시작되었다. 공정성 강화 방안 및 블라인드 서류평가로 인해서 학교생활기록부에서 지원자에 대해 읽고 평가할 수 있는 부분이 줄어든 데다 코로나19로 지원자들의 준비가 어려웠음을 고려한 정성평가를 진행해야 했다. 그러므로 지원자의 고등학교 1, 2학년 학교생활기록부를 통해서 고등학교 3학년 활동까지 어느 정도 유추하는 동시에, 코로나19의 영향을 염두에 두고 평가를 진행할 수밖에 없었다. 솔직히 여러 해 대입 입학사정관으로서 전형을 운영하고 학생을 평가하면서 비교과 활동의 축소는 결국 교과 영역의 평가 확대로 이어지게 될까 봐 상당히 조심스러웠다. 더 나아가, 코로나19로 인해 행여나 학생부종합전형 운영 본질의 형태가 흐려져서 일반 정량평가인 교과전형과의 차별화가 적어질까 걱정스러웠다.

2020년 여름에는 코로나19로 대형 설명회나 매년 서울 삼성동 COEX에서 진행되었던 수시 박람회와 같이 많은 인원이 참석하는 행사가 진행되지 못했다. 다만, 정보소외지역(도서·산간 지역과 같은 접근성이 쉽지 않은 농어촌지역)의 경우에는 「고교교육 정상화 기여대학 지원사업」에 따라 소수 인원만이 설명회나 전공 멘토링 등에 참여했다.

〈고교교육 정상화 기여대학 지원사업 사업목적〉

1) 대입전형에 대한 신뢰성을 높이기 위해 전형운영 과정의 공정성·투명성 제고
2) 전형 단순화, 대입전형 취지에 맞는 운영 등 합리적인 전형 노력과 대입전형 정보제공을 통해 학생·학부모의 대입 준비 부담 완화
3) 고른기회전형·지역균형관련전형 등 대학의 사회적 책무성 제고를 통해 사회적 배려대상자의 고등교육 기회를 확대하고 지역발전에 기여

(출처 : 교육부, 대입정책과 '2021년 고교교육 기여대학 지원사업 기본계획')

지금은 마스크 착용이 조금 익숙해졌지만, 그때까지만 해도 코로나19가 발생한 지 5~6개월 정도 지난 여름이었기에 마스크 착용이 불편했다. 한여름에 마스크를 착용하고 SRT 열차에서는 물한 모금 마시지 못한 채 불안한 마음으로 이동을 한 후, 기차역에 도착하여 택시를 탔다. 택시를 타고 창문을 열어서 환기를 시키면 코로나19 전염 가능성이 작아질 수 있다는 이야기를 어딘가에서 들었던지라 에어컨이 켜져 있어서 운전 기사님께는 다소 죄송한 마음이지만, 눈치를 보며 슬그머니 창문을 내려본다. 그리고는 가방 안에 있는 휴대용 소독 젤로 손을 깨끗하게 닦는다. 마스크 없이 평소처럼 다니던 때가 참으로 그리운 나날이었다. 그때는 미처 몰랐는데 지나고 보니 마스크 없이 일상생활을 했던 나날이 당연한 것이 아니라 참으로 감사한 일상이었음을, 내가 마시는 들숨과 날숨의 이 호흡이 얼마나 소중한지 새삼 깨닫게 해주는 '코로나19.'

고교 방문 중에서 전공 멘토링 프로그램을 진행하면 본교 재학생들과 이동하게 된다. 자가문진표부터 시작하여 체온계를 챙겨 개인별 체온 측정을 해야 하니 예전보다 신경 쓸 일이 몇 배다. 부모의 마음이 그렇듯, 내가 아프고 말지 혹시라도 같이 이동하는 학생들에게 문제가 생길까 다른 여느 때보다 더욱 마음이 조마조마하다. 정보소외지역의 고등학생들을 만나러 갈 때면 이전에는 모집요강, 홍보 책자만 미리 택배로 보내면 되었는데 이제는 대학 담당자들이 사용할 마스크, 손 세정 젤, 자가문진표 등 챙길 것이 더 많아졌다.

마스크를 착용한 채로 최소 30분~1시간 동안 설명회를 진행하면 호흡곤란이 오기 시작한다. 여름이니 얇은 비말 마스크를 착용하고 싶지만 서로의 안전을 위해서 두꺼운 KF94 마스크를 착용한다. 시간이 지날수록 입에서는 더운 열기가 나오고 마스크로 가려져 안 보이지만 코 밑에는 땀이 송골송골 맺히기 시작하면서 입에서는 단내가 난다. 다행히도 마스크를 벗을 수 없으니 단내가 나는 내 입 냄새는 나만 맡으면 된다.

고등학교 방문 시, 사전에 온라인 예약을 통해서 입학사정관과 교사 간담회를 진행하게 되는데 코로나19로 인하여 간담회 역시 비대면으로 변경되었다. 입학사정관 2~3명과 고등학교 교사들이

ZOOM을 사용해서 온라인으로 해당 고등학교의 전년도 입시 결과를 비롯하여 올해 입시전략 등 간담회를 진행한다. 또, 입학사정관들이 해당 고교에 대한 학교 프로그램이나 수업 진행, 특이사항 등 궁금한 내용을 질문하며 정보를 주고받는다. 아무래도 고등학교 교사들의 질문이 상당수 쏟아지기 마련이다. 그동안 대면에 익숙해져 있었던 터라 비대면으로 처음 보는 교사분들과 어색한 인사를 나누고 간담회를 시작하는 일은 여간 어려운 일이 아니다. 특히나 기계와 친하지 않은 기계치인 나로서는 처음 ZOOM이라는 프로그램을 익히고, 진행하는 것이 쉽지 않았다. 비대면 간담회는 방문 설명회 때와 같이 사전에 교사 간담회를 신청한 고교의 담당교사와 연락을 취해서 확인 후 진행하게 된다. 코로나19가 발생한지 1년 반이 지난 지금은 우리의 일상에서 비대면이 어느 정도 익숙해졌다고도 할 수 있겠지만 2020년 여름만 해도 모두에게 쉽지 않은 적응기가 필요했던 것만은 분명하다. 어떤 고등학교는 3학년 전체 선생님들이 모여 앉아 있기도 하고, 어떤 고등학교는 몇몇 교사분들만 카메라에 얼굴을 비추고 나머지 교사들은 각자의 자리에서 간담회 진행을 소리로만 듣기도 했다. 작은 화면에 마스크를 쓰고 옹기종기 모여 앉아 질문하는 교사들의 열정을 보고 있노라면 가끔 비대면인지 대면인지 착각할 정도였다. 이처럼 코로나19 덕분에 입시 일정 연기를 비롯하여 설명회나 교사 간담회 운영 형태, 입시 현장의 풍경에도 많은 변화가 있었다. 대학별 차이가 있지만, 대부분 대면 면접이 비대면 면접으로 변경되면서 정해진 기간에 사전 동영상 업로드, 면접 반영 비율 축소나 반영 방법 등이 변경되기도 했다.

의과대학의 MMI면접은 5개의 세션을 나눠서 각 면접실로 이동하는 동선이었기에 비대면 면접을 진행하기가 어려웠다. 비대면 관련 면접 전문 업체와 교수님들을 비롯한 여러 명의 직원이 동원되어서 시뮬레이션도 했지만, 도무지 답이 나오지 않았다. 그렇다고 MMI면접의 세션을 줄이거나 포기하기에는 의과대학 입시전형 자체에서 그 필요성과 중요성이 있기에 쉽지 않았다. 고심 끝에 아산병원 내에 있는 감염내과 교수님에게 코로나19 관련 감염 예방 및 방역 지침 등에 대한 조언을 구했다. 여러 번의 회의를 거쳐서 안전을 위한 방역 지침을 만들고 이를 준수하여 면접위원과 수험생이 안전하게 면접에 임할 수 있는 환경을 만드는 데 최선을 다했다. 방역 물품 구비를 위한 추가적인 예산 확충과 이를 원활하게 운영하기 위한 인력지원 외에는 수험생의 혼란을 방지하고자 기존 면접과 최대한 유사하게 전형을 진행했다. 사실 입학처 입시 당일에 입시 진행 요원으로 참여하는 것은 타부서 직원들에게 상당히 반가운 일이기도 하다. 간혹 학교와 입시에 대한 사명감을 가지고 오는 분들도 있지만, 대부분은 넉넉한 수당과 음식 제공, 긴장감 속에서 열정 넘치는 풋풋한 수험생들을 만나는 일에 매력을 느끼는 듯하다. 그러나 코로나19는 면접을 진행하는 데 많은 어려움을 주었다. MMI면접을 예로 들면, 1번 방에 입실한 수험생의 퇴실과 동시에 누군가는 5초라는 짧은 시간 안에 잽싸게 몸을 날려서 퇴실한 수험생이 봤던 제시문을 폐기해야 한다. 또한, 그 짧은 시간에 비말감염 등을 대비하여 아크릴 칸막이를 소독 티슈로 닦고 나와야 했다. 예전 같으면 수험생 입실 순서만 정확히 확인하고, 퇴실에 신경을 쓰면 되었는데 이제는 할 일이 한 가지 더 생긴 것이다. 이런 상황이다 보니 누군가는 복도 관리 감독이나 수험생 대기실에서 수험생을 챙기고 서 있기만 하면 되는데 다른 누군가는 5

초 안에 문제지 폐기와 아크릴 칸막이 소독을 해야 하니 불만의 목소리가 나올 수밖에 없었다. 또, 입시 진행자들은 우리가 뉴스에서 접했던 안면 보호대, 일회용 비닐 옷과 장갑을 착용해야 했기 때문에 추운 겨울임에도 땀이 뻘뻘 나는 한여름과 같았다.

MMI면접은 50분이라는 시간 동안 5개의 세션이 진행되므로 시간이나 순서가 꼬이게 되면 정말 큰 일이다. 그래서 입학 담당 직원 선생님과 함께 여러 번의 시뮬레이션을 통해 초 단위까지 쪼개어 예상 시간을 짜야 했다. 아무리 열심히 면접 고사장을 준비했어도 한 가지만 삐걱거리면 100점과 0점 사이에 99점이 아닌, "0점"이 될 수밖에 없음을 잘 알기 때문이다.

면접을 얼마 앞두지 않은 상황이었다. 아산병원은 3차 병원이다 보니 병원에서는 계속 확진자가 발생하였고, 결국 우려했던 일이 생기고 말았다. 면접위원으로 위촉된 교수님의 환자가 코로나19 확진 판정을 받게 된 것이다. 위촉 교수님은 2주 동안 자가격리를 하게 되었고, 면접위원 O.T.를 온라인으로 개별 진행할 수밖에 없었다. 다행히 2주 격리 후 음성판정이 나와서 바로 면접위원으로 참석할 수 있었지만, 정말 가슴 졸이는 시간이었다. 만약을 대비해서 차순위 면접위원 위촉을 고려해야 하는 상황이었는데 면접위원은 우선 입시에 대한 기본적인 이해가 있어야 했고, 지속해서 위촉사정관 교육을 받은 교수님이어야 했기에 답답하기 짝이 없었다. 면접위원은 의과대학 특성상 외래 진료가 있는 병원에 재직 중인 바쁜 교수님이 대부분으로, 자녀의 입시 경험이 있거나 자녀가 입시를 앞두고 있지 않으면 입시는 먼 나라 이야기였다. 또한, 회피·제척으로 인해 수험생 자녀가 있으면 평가위원으로 참여할 수 없으므로 면접위원을 위촉하는 선택의 폭이 넓지 않은 것이 사실이다. 여기서 '회피·제척'이라 함은 입학전형에 응시한 수험생과 특수한 관계를 맺은 입학관련자가 평가 업무에서 제외되는 것을 의미한다. '회피(回避)'는 스스로 기피 원인이 있다고 판단하는 때에 자발적으로 평가에서 탈퇴하는 제도이며, '제척(除斥)'은 특정 사건이 법률에서 정한 특수한 관계가 있을 때 법률상 그 사건에 관한 직무집행을 행할 수 없게 배제하는 제도를 말한다. 즉, 회피 대상자는 대개 자진신고를 하게 되어 있고, 제척 대상자는 본교의 원서접수 이후 연말정산자료, 인사현황자료, 가족 사항 등을 토대로 대학별 자체 시스템으로 확인 후 배제가 가능하다.

수험생들은 코로나19로 면접 시에도 마스크를 착용하고 면접에 임하게 된다. 코로나19가 우리에게 찾아온 지도 제법 시간이 흘렀기 때문에 마스크가 우리의 일상에 익숙한 것도 사실이다. 하지만, 수험생으로서는 긴장한 채로 마스크를 끼고 면접에 응시하기에 면접 연습을 할 때도 또렷한 전달을 위하여 발음과 발성 연습을 하는 것이 필요하다. 아무리 면접과 관련해서 많은 준비와 연습을 했더라도 평소와는 다른 상황에 부닥치게 되면 누구든지 긴장한 상태에서 충분히 당황할 수 있다.

이제는 코로나19에도 단련이 되어 온라인으로 진행되는 비대면 수업이나 면접도 어느 정도는 익숙하게 된 것 같다. 카메라나 마이크가 필요해야 했고, 같은 공간에 여러 명이 접속하게 되면 하울링(howling)이 일어나는 문제도 있었지만, 이제는 마스크를 착용한 채 서로의 입 모양을 볼 수 없는 상태로 목소리를 들으며 온라인을 통해 눈으로만 이야기하는 시대가 온 것이다. '머지않아 코로나19가 종식될 때쯤이면 이미 우리는 비대면에 익숙해져 있지는 않을까?'라는 생각에 마음이 짠해진다.

．．．

    라틴어로 'Corona'는 왕관이라는 뜻이다. 이탈리아어
로는 음표 혹은 쉼표에 표시된 본래의 박자보다 길게 늘
여서 연주하라는 뜻이 있다. 우리 삶 속에 갑자기 찾아
온 코로나는 원래 박자보다 두세 배 느리게 가는 것 같
지만 훗날 뒤돌아봤을 때 왕관처럼 가장 빛나고 의미 있
는 시간이 되어 있지는 않을까.

    마스크를 하지 않고 지낼 수 있었던
    지난날에 감사하며.
    마스크를 벗을 수 있는 그 날을 기다리며.

2장

입시의 킹메이커

3.6.5

- 지원자격 : 석사학위 이상 소지자, 공무원 임용에 결격사유가 없는 자
- 우대사항 : 경력자 우대, 교육학, 통계학, 심리학, 전산 관련 전공자 또는 컴퓨터 활용 우수자, 교직 경력자, **운전면허 소지자**

위 내용은 입학사정관 채용공고에서 볼 수 있는 지원자격과 우대사항이다. 내용을 보면 어떤 사람을 입학사정관으로 채용하고 싶은지 대략적인 감이 올 것이다. 석사학위 이상이 필수인 대학교도 있는 반면에 학사 이상이 필수이고, 석사는 우대인 경우도 있다. 입학사정관이라는 일을 시작하기 전에는 우대사항에 '운전면

허 소지자'라고 기재되어 있는 것을 보면서 조금 의아했다. 그러나 입학사정관이라는 직업의 길에 들어서니 운전면허 소지자를 우대하는 이유를 너무도 명확하게 알게 되었다. 연중 상반기에는 전국 팔도 방방곡곡을 다녀야 하고 대중교통에는 한계가 있기에 당연한 우대사항이었다.

흔히 '입사관'이라고 부르는 '입학사정관'이라는 다섯 글자의 이 직업. 학교에 재직 중인 교사를 비롯한 교육 관계자나 입시를 앞둔 학부모, 학생을 제외한 학력고사나 학생부종합전형 이전의 수능 세대에게는 다소 생소한 직업일 수도 있다. 또래의 모임이나 새로운 만남의 장에서 입학사정관이라는 직업을 이야기하면 다소 머나먼 이야기처럼 느끼곤 하는 것 같다. 하는 일에 관해서 설명해보지만 "그러니까 대학교 교직원이신 거죠?"라는 대답만이 메아리처럼 돌아온다. 반면, 중·고등학교 아이를 키우는 학부모나 교사는 상당히 관심을 가진다. 정보를 하나라도 더 얻을까 싶어서 이것저것 물어본다. 역시나 아이러니한 것은 대부분 그들의 입을 통해 나오는 한 마디가 "결국 그래서 성적으로 뽑는 거 아니에요? 성적이 제일 중요하죠?"이다.

성적대로 줄 세우는 것은 교과전형과 같은 정량평가이고, 정성평가로 선발하는 학생부종합전형을 반복해서 설명도 해보지만, 그동안 입학사정관 업무를 하면서 이를 이해시키고 더 나아가서 성적이 전부가 아니라는 것에 대해 설득하는 일은 여간 어려운 일이 아니었다. 앞장에서도 이야기했듯, 성적이 중요하지 않다는 이야기가 아니며 상위권 대학일수록 평가항목 중 학업역량의 중요성은 분명히 있다. 특히 여대부터 종합대학, 특수목적대학인 교육대학교, 의과대학까지 다양한 유형의 학교에서 경력을 쌓다 보니 다른 대학 입학사정관들도 평가와 선발방법에 관해서 물어본다.

종교가 있는 사람으로서 이런 단어를 사용하는 게 적절한지 조심스럽지만, 나는 흔히들 역마살이라고 하는 한 곳에 오래 붙어 있지 못하는 성격으로 한 해 입시를 치르고 나면 또 다른 곳에서 새로운 경험을 하고 싶은 욕심이 있었다. 한 살이라도 어린 나이에 입학사정관으로서 특수목적대학뿐만 아니라, 다양한 대학교를 경험하며 더 배우고 싶었고, 입시에 대한 깊이 있는 이해도와 전문성을 가지고 싶었다.

☑ 우리나라의 '입학사정관제'는 미국 입학사정관제를 모델 삼아서 2008학년도 대학입시에서 시범적으로 도입되어 10개 대학에서 실시하였다. 이후, 점차 확대되어 2010학년도에는 입학사정관 전형을 운영하는 대학이 49개 대학으로 증가했다. 2013년 정부는 '대입전형 간소화 및 대입제도 발전방안' 발표를 통하여 기존 '입학사정관제'를 2015학년도부터 '학생부종합전형'으로 명칭을 변경했다.

입학사정관의 업무를 시기별로 나누어보면 일 년 중 9월부터가 한해 농사를 수확하는 중요한 시기라고 할 수 있다. 그러나 그 이전에 풍성한 수확을 위해서 열심히 씨를 뿌리고 물을 주며 기르는 작업을 해야 하는데, 바로 그 일이 상반기에 이루어진다.

(각 대학은 「고등교육법」에 의해 입학 연도의 1년 10개월 전까지 대학입학전형시행계획을 수립하여 공표해야 한다. 다음 해의 학생을 선발하는 일이므로 예를 들어 2022년도에는 다음 연도인 2023학년도 학생을 선발한다. 이에 대하여 학부모나 학생 중에는 학년도 때문에 모집요강이나 시행계획을 보면서 혼란을 겪고 문의를 하는 경우가 더러 있었다)

고교교육 기여대학 사업을 전년도에 운영한 대학의 경우, 학기가 시작되는 3월이 되면 이에 대한 결과보고서를 제출해야 한다. 본 사업은 교육부에 대입전형 과정의 공정성과 투명성을 높이며, 대입전형을 통해서 교육과정에 충실한 고교교육 여건을 조성하기 위해 추진되는 사업이다. 고교교육 기여대학 사업에 선발이 되면 예산지원 등으로 대학교에서 할 수 있는 활동이 다양해지므로 전국에 있는 대부분 대학교가 지원을 하여 최종 선발이 되면 이에 따른 예산지원을 받는다. 국가 예산으로 하는 일종의 국고 사업이라고 볼 수 있는데 본 사업 승인을 받으면 '공동사업'이나 '공동연구'라는 이름으로 정보소외지역에 대한 사업 등을 진행하게 된다. 이 사업에 선발된 대학은 그룹화를 통한 공동업무뿐 아니라 대학별 자체적인 계획에 따른 업무를 수행하게 된다. 고교교육 기여대학 사업에 선발되면 입학사정관의 업무는 자연스레 가중될 수밖에 없지만, 재정적인 지원을 받으므로 학교의 자체적인 교비 경비 지출의 부담이 줄어든다. 또한, 더욱 많은 전국의 중·고등학생들에게 학교의 입학 정보나 학과별 체험 기회 등을 제공할 수 있는 이점이 있어 대학 입장에서는 운신의 폭을 넓히는 기회가 될 수 있다.

4월에는 본 사업을 위한 학교별 사업계획서를 제출하는 시기로 사정관 별로 분야를 분담하여 마지막 마감날, 오탈자까지도 없게 하려고 계획서를 수없이 보고 또 보고를 반복하며 치열한 시간을 보내게 된다. 제본한 책자와 파일을 담은 USB를 한국대학교육협의회에 보내는 작업까지 마치면 겨우 한숨을 돌릴 수 있다.

☑ 한국대학교육협의회 : 전국 4년제 대학의 협의체로 전국 4년제 대학의 학사, 재정, 시설 등 주요 관심사에 대하여 대학 간 상호협력과 대학교육의 질적 수준 향상에 필요한 사항을 정부에 건의하여 정책에 반영하게 함으로써, 대학의 자율성과 창의성을 제고하고 공공성 및 책무성을 강화하여 대학교육의 건전한 발전을 도모함 (출처 : 한국대학교육협의회)

한창 축제가 시작되는 5월이 되면 대학 입학사정관의 본격적인 고등학교 방문이 시작된다. 담당자는 고교의 사전 신청을 받아서 방문 일정을 짜고, 5월부터 8월까지는 전국을 다니며 고등학교를 방문하게 된다. 고교 방문은 대학마다 효율성이나 일정 등에 따른 운영 방식에 차이가 있는데 예를 들어, 어떤 대학의 경우에는 권역별로 팀을 짜서 움직이기도 한다. 이따금 입학사정관 중 고향 근처로 가는 고교 방문이 있다면 일정을 배려하여 고향 근처 고등학교 방문 시 집에 들를 수 있도록 해주기도 한다. 아무래도 본가 근처 입학사정관과 함께 이동하면 찐 맛집을 갈 수 있다는 장점도 있다. 무엇보다 고등학교 방문을 하는 목적은 서류에서 볼 수 없거나 서류로만 확인할 수 있었던 실제 해당 고등학교의 모습을 보는 것이다. 글로만 마주했던 해당 고등학교의 현장을 직접 가면 교사들의 수고와 노력, 아이들의 풋풋함이 고스란히 느껴진다. 간혹 어떤 고등학교는 내가 누군지도 모르는데 만나는 학생마다 "안녕하세유."라며 구수한 사투리로 밝게 인사하며 맞아주기도 하는데, 얼마나 고맙고 예쁜지 모른다. 이렇게 고등학교 방문을 마치면 입학처 입학사정관들은 입시 평가와 다음 연도 방문 등에 도움이 되고자 고등학교 방문 후기, 특이사항, 설명회 이후 진행된 교사 간담회 후기 등을 작성하여 공유한다. 예를 들면 '교통이 불편해서 렌터카나 자차를 이용해서 갈 것', '설명회에 50명 신청했는데 다른 대학 설명회 시간과 겹쳐서 20명 참석', '담당교사와 연락이 잘 닿지 않아서 어려움이 있었음', '학교 컴퓨터 성능이 좋지 않아서 개인 노트북 지참할 것', '3학년 학생만 설명회 신청을 했는데 2, 3학년 학생들이 같이 들었으며 전반적으로 질문도 많고, 경청하는 분위기가 좋았음' 등의 내용을 기재한다.

입학사정관은 현재 재직 중인 대학교의 쇼호스트와 같다. 사실 우리나라에서 제일 좋은 S대를 제외하고 나머지 학교들은 좋은 학생을 유치하기 위해 경쟁을 한다. 더 나아가서, 수도권 대학교에서 지방 고등학교를 방문하는 일은 개인적으로도 상당히 의미 있는 일이라고 생각한다. 지방에 있는 학생이 수도권 대학을 방문하는 일은 쉽지 않기도 하고, 정보소외지역 같은 경우에 학생과 교사, 학부모에게 전문성을 지닌 학교 대표 입학사정관이 대입 정보를

보다 정확하고, 다양하게 전할 수 있기 때문이다. 이것은 자연스레 많은 학생에게 지원 가능한 기회를 제공할 수 있으며, 대학교 측에서도 우수한 인재풀을 늘릴 수 있는 의미 있는 일이 될 수 있다. 요즘은 이러한 고교 방문을 제공하기 위해서 많은 대학이 실제 학교 입학처 홈페이지를 통해서 사전에 고등학교 대상으로 신청을 받는데 이것 또한 인기 강의 수강 신청하는 것만큼 치열하다. 입학사정관이 해당 지역을 가는 일정은 정해져 있고, 대부분 학교마다 중간고사와 기말고사를 제외한 일정, 학교 행사가 있는 일정을 제외한 나머지 일정에 진행하려다 보니 원하는 일정이 얼추 비슷한 경우가 꽤 있다. 여러 고등학교에서 신청하면 가끔은 신청을 하지 못해서 언성을 높이며 전화하는 교사도 있다.

고등학교 방문과 더불어 서울 및 수도권 지역을 포함하여 부산/울산, 대구/경북, 창원/경남, 광주/전남, 전주/전북, 대전/충남, 청주/충북, 세종, 제주 등 지역별 17개 시·도교육청 박람회나 설명회, 교사 간담회 등도 참석해야 한다. 박람회는 주말에 개최되는 경우가 많으므로 고교 방문 일정 시 숙박 일정으로 연결하여 가기도 한다. 박람회는 운영 형태에 따라 다른데 기본적으로는 1:1 상담을 진행하고, 때에 따라서 설명회 형식으로도 진행된다. 고교 방문과 같이 박람회도 관련 후기와 특이사항을 기재하여 입학사정관들이 정보를 공유하도록 한다. 입학사정관이 되면, 자유로운 온전한 주말은 언제 적 이야기인지 점점 기억나지 않는다.

5월이면 현역 고3 수험생들이 그토록 기다리던 확정된 수시모집 요강 발표가 시작되고, 관련 사항에 대해 문의 전화가 온다. 전형별 특징 문의를 시작으로 작년 입시 결과, 자기소개서 작성 방법 등에 대한 문의다. 물론, 모집요강을 읽어보면 알 수 있는 아주 간단한 원서접수 기간이나 제출서류 등을 문의하기도 한다. 특히 "선생님, 이 내용을 자기소개서에 기재하는 게 좋을까요? 아니면 이것 말고 다른 내용을 기재하는 게 나을까요?"와 같은 이런 질문도 상당히 많은 편이다. 그럼 입학사정관으로서 진심으로 해줄 수 있는 답변은 "내용을 제가 직접 보지도 않았고, 구두로만 듣고 말씀드리기가 쉽지 않습니다. 또한, 활동의 중요성을 포함하여 이를 취사선택하여 기술하는 것은 지원자의 몫입니다. 같은 활동 내용도 어떻게 기술하느냐에 따라 달라지므로 본 내용은 지원자가 판단하셔야 합니다."라고 답변해줄 수밖에 없다.

참으로 신기한 것은 수험생들이 직접 전화를 하는 경우보다 학부모님들이 전화하는 일이 제법 많다는 것이다. 학부모님 전화 비율이 전체의 70~80% 정도는 되는 것 같다. 어쩌면 그렇게 학부모님이 자녀의 학교생활기록부를 줄줄 꿰고 있는지 마냥 신기할 따름이다. 학교생활기록부를 꿰고 있는 것이 자녀에 대한 사랑의 크기인가 싶을 정도로 말이다. 지금에야 익숙해졌지만, 입학사정관 일을 시작한 지 얼마 되지 않았을 때는 너무 신기해서 '어쩜 그렇게 자녀분의 학생부를 잘 아세요?'라고 물어보고 싶었다. 전화 상담을 하면 이미 학부모님은 수많은 사교육 입시설명회와 콘텐츠를 접해서 때로는 입학사정관인 나보다 더 전문가 포스가 느껴진다. 그리고 다른 대학교 입시 정보까지 전해주기도 한다. "○○대학은 올해 이렇게 선발한다고 하던데요?"라는 전화통을 붙잡고 있으면 어느 순간, 콜센터 직원이라도 된 것 같다. 가끔은 학부모님의 무례한 태도로 우는 사정관도 있는데, 나도 사정관 업무를 하면서 두 번 운 적이 있다. 이 직업은 감정 노동도 필요한 서비스직임이 분명하다.

이렇게 상반기는 ○○대학의 쇼호스트가 돼서 열심히 학교 홍보와 상담을 하며 정보를 제공한다. 또한, 설명회 중 릴레이 설명회라고 하여 예를 들면 '서강대-한양대-성균관대' 이렇게 학교별로 묶어서 진행하기도 한다. 상황이 이러하니 내가 속한 학교에 대해 더욱 자긍심을 가지고 자랑 또 자랑할 수밖에 없다. 연중 상반기를 정신없이 동에 번쩍 서에 번쩍하며 홍길동처럼 뛰어다니면 어느덧 시간은 쏜살같이 흘러 9월이 된다. 이 9월이 되기 전, 또 하나의 중요한 일은 수험생이 원서접수를 원활하게 하도록 원서접수 테스트를 하는 것이다.

☑ 정시모집 공통원서접수 시스템이 2016학년도에 도입되었다. 2017학년도 수시모집 원서접수부터는 수시모집도 공통원서접수 시스템으로 확대되면서 기본 원서접수 사항의 경우, 모든 대학이 같다.

근무하는 입학사정관이 여러 명이면 전형별, 분야별로 분담하여 테스트를 할 수도 있고, 비교 검토를 할 수 있다. 내가 근무했던 서울교육대학교나 울산대학교 의과대학교 같은 경우는 사정관 한 명과 고작 직원 1~2명이 그 인력이었기 때문에 원서접수 사이트와 일체화가 되어야 했다. 혹시라도 원서접수 시스템에 오류가 생길까 봐 조마조마하는 마음에 어느 날은 침대에 누웠는데 원서접수 사이트가 자꾸 천장에 그려지기도 했다. 그날은 잠자리를 설친 끝에 결국 갑자기 생각난 그 무언가를 핸드폰 메모장에 끄적끄적 써두기도 했다. 지원자 입장에서 여러 번의 테스트를 하며 완벽하게 했다고 감히 말하고 싶은 원서접수 테스트이지만 어김없이 원서접수가 시작되면 전화통은 불이 난다. 결국 재빠르게 원서 대행업체인 유웨이나 진학사에 전화해서 시스템을 수정하며 자책감은 조금 던져버린다. '그럼 그럼, 나는 신이 아니니까 완벽할 수 없어…' 이렇게라도 하지 않으면 정신력이 무너져서 남은 원서접수 기간을 버틸 수 없기 때문이다. 그 후 머지않아서 우편물이 하나둘씩 쌓인다. 원서접수 관련 지원자격 제출서류라는 것이 쏟아지는데 우편물이 올 때마다 나의 야근 시간은 5분씩 늘어나게 된다. 특히 종합대학의 경우 입시 담당 조교들이 오전, 오후에 하루 2~3회 카트를 끌고 우편물 상자를 실어 나른다. 가끔은 우편 소인 날짜를 헷갈려 물어보는 사람, 제출서류 마감시간이 되어 종료했음에도 입학처

문을 두드리며 받아달라고 야단법석인 학부모도 있다. 그 간절함은 알겠지만, 공정성을 위해서는 어쩔 수 없지 않겠는가?

여기서 지원자격 제출서류라고 하는 것은 가령, 농어촌특별전형 지원자의 경우 농어촌 관련 거주를 증명할 수 있는 주민등록초본을 비롯한 학교장 확인서 등을 이야기한다. 그뿐만 아니라 지원자격 확인을 위한 전형별 필요 제출서류, 해외고교재학 혹은 해외고교를 졸업한 지원자의 제출서류, NEIS(교육행정정보시스템) 이용을 사전에 신청하지 않은 검정고시 수험생에 대한 합격서류 및 성적자료가 포함된다.

(검정고시 수험생은 여타 수험생과 달리 사전 신청한 지원자만 NEIS를 통해 검정고시 합격에 대한 서류 및 검정고시 성적자료 다운이 가능하다. 신청하지 않은 지원자는 NEIS로 다운을 받을 수 없으므로 위 자료를 별도로 제출해야 한다)

제출서류의 발급기한은 학교마다 다소 차이가 있는데 보통 원서접수 기준 1~2주 이내에 발급 서류를 제출하도록 하며, 담당자는 제출서류 위조 여부 및 서류 발급기한 등을 확인한다. 제출 시에는 서류 상단이나 하단에 원서접수 출력 시 '이름, 수험번호, 모집단위' 등이 적힌 라벨지를 출력하거나 수기로 써서 제출하도록 한다.

수천 장의 제출서류를 정리하기 위해서 재학생이나 휴학생 아르바이트를 모집해서 서약서를 쓴 후 서류 정리를 진행한다. 솔직히 나도 입학사정관이 되기 전에는 서류 봉투를 이렇게 뜯는 줄 몰랐지만, 봉투 안의 서류가 파손될 수 있으므로 서류 봉투 입구와 접착된 뒷면 사이 모서리 꼭지에 칼을 넣어서 조심히 갈라야 한다. 가끔 서류 정리에 대한 사전 설명을 제대로 듣지 않은 학생 중 봉투 윗부분을 가위로 싹둑 잘라서 제출서류까지 같이 잘라버리는 일도 있었다. 하나부터 열까지 조심스럽지 않을 수 없는 일들의 연속이다. 만약 재학생 아르바이트 학생 중 일을 잘하는 똑똑한 학생이 있으면 눈여겨봤다가 입학처 다른 행사나 전형 운영 때 연락하기도 한다. 정해진 짧은 시간 안에 정확하게 일을 처리해야 하니 어중간하게 일을 하는 여러 명의 인력보다 일당백을 하는 한 사람이 낫다. 100점 아니면 0점인 치열한 입시 진행의 현장에 있다 보니 '일을 잘하는가, 못하는가?'라는 이분법적인 시선으로 사람을 보게 된다. 수천 장의 서류를 같이 보며 정리하고 검토하다 보면 손가락 마디마디의 지문이 사라질세라 내 엄지손가락과 검지손가락에 고무 골무 옷을 입힌다. 골무 옷을 입히지 않고 서류를 만지면 점점 춥고 건조해지는 날씨 속에 손까지 건조해져서 갈라지기 일쑤이고, 종이에 베이는 일이 꼭 생긴다. 종이에 베인 그 손가락은 상처가 깊지도 않은데 어쩜 그리 아프고 손을 씻을 때마다 따끔거리는지 모르겠다.

원서접수 마감 시점이 되면 입학처에서는 총 경쟁률과 전형별 경쟁률 등을 재미 삼아 내기한다. 이런 낙이라도 있어야 남은 전형기간을 잘 버틸 수 있다. 내기한 돈은 모아서 야근 시 치킨이나 떡볶이, 순대 같은 분식을 시켜 먹으며 서류와 전쟁을 계속한다.

10월에 평가시스템 세팅이 완료되면 본격적인 서류 지원자격 심사와 학생부종합전형 평가가 동시에 이루어진다. 이제부터는 정말 엉덩이와의 싸움이다! 수험생처럼 '오늘은 여기까지 평가를 해야지.' 하고 계획을 세우지만 내 계획대로 종일 평가만 할 수 있는 것이 아니다. 동시다발적으로 쏟아지는 본인의 업무가 있기에 24시간 중 근무하는 시간을 쪼개고, 쪼개어 수험생처럼 효율적으로 쓰지 않으면 주말 내내, 아니 평가 마감날까지 소위 말하는 똥줄이 탄다. 서울교육대학교나 울산대학교 의과대학의 경우 입학사정관이 1명이므로 한국대학교육협의회 지침에 따라 자기소개서와 추천서의 '유사도 파악' 업무도 서류평가와 동시에 진행해야 한다. 동일 고교 지원자로 활동이 겹치면 서술하는 내용이 일정 부분 같을 수도 있으므로 무조건 유사하다고 표절이 아니라, 유사도 확인을 통해 일정 글자 수 이상이 같으면 표절로 판단하여 위반대상자로 정한다. 유사도 위반대상자는 따로 분류하여 개별 연락을 취하고, 소명서를 요청하는데 소명서를 제출하지 않겠다는 학생부터 지원자와 연락이 닿지 않아서 비상연락처로 기재된 학부모님께 연락해서 상황 설명을 했더니 오히려 화를 내고 전화를 끊는 분, 작년에 합격한 언니의 자기소개서를 참고했다며 솔직히 말하며 소명하는 학생 등 다양한 지원자를 만난다. 추천서 유사도 확인을 진행하는데 너무 바빠서 작년에 지원자 추천서를 그대로 복사해서 제출했다며 이실직고하는 교사, 학생 활동이 다 같은데 어쩔 수 없지 않냐, 작성하다 보니 헷갈려서 그렇게 제출했다는 교사 등 소명의 이유가 다양하다. 대부분 교사는 혹시나 지원 학생에게 불이익이 있을까 걱정한다. 유사도 관련 확인 외에도 매해 1, 2건씩 지원 학생에 대한 투서를 만나기도 한다. 'ㅇㅇㅇ 학생은 고등학교에서 어떤 학생이었으며….' 이와 관련된 내용을 익명 투서로 만난다. 관련 내용이 들어오면 학교마다 처리방식에 다소 차이가 있지만, 지원 학생의 학교생활기록부를 포함한 제출서류를 유심히 볼 수밖에 없다. 관련 내용이 학교폭력처럼 심각하다고 판단이 될 때는 지원 고교를 통해서 확인하고, 본교 입학처 공정관리위원회 안건으로 심의를 거치게 된다. 하지만 평가는 객관적인 제출서류 기반으로 이루어져야 하므로 투서를 제출한 사람이 누군지 알 수 없는 상태에서 지원자에 대한 모함일 수 있으므로 신중히 처리한다.

이렇게 평가가 시작되면 대부분 입학사정관은 극도로 예민해진다. 대학에서 위촉된 교수사정관들과 함께 평가하는데 그러기 위해서는 전형별 평가 기준에 맞게 평가자들 간의 결을 맞춘다. 여러 번의 모의평가를 진행하고 교육을 통해서 학교에서 원하는 학교별, 전형별 인재상을 선명하게 만들어간다. 서류평가만으로 학생부종합전형이 마무리되면 다행인데 교육대학교나 의과대학의 면접 준비는 서류평가가 끝날 무렵부터 본격적으로 진행된다. 아무래도 교사나 의사를 양성하는 특수기관이니 면접의 중요성에 대해 충분히 공감하고 인정한다. 입학사정관의 입장에서 교대나 의대 입학생의 불미스러운 일들을 뉴스로 접할 때 그나마 이런 면접 과정이 있기에 이 정도라는 생각을 하게 된다. 교육대학교와 의과대학의 '면접'은 해당 단과대학이 추구하는 인재상에 적합한 예비교사나 예비의사를 선발할 수 있는 중요한 단계별 전형 중 하나라고 생각한다.

이제 서류평가가 마무리되는 시점과 맞물려 동시에 면접전형 준비도 해야 하고 11월이면 '대망의 논술고사'도 기다리고 있다. 대학마다 전형 일정에 다소 차이가 있지만, 대부분 11월 대학수학능력시험을 마치고 난 후부터 논술전형이 시작되고(일부 학교는 수능 이전에 논술전형을 실시함), 수능성적 발표와 동시에 정시전형이 시작된다. 정시모집 원서접수를 하다 보면 정신없이 한 해가 지나서 새해를 맞이하고 2월이 되면 정시모집 충원을 하느라 정신이 없다. 핑계 같지만, 정말 연애할 시간이 없었다. 소개팅 후 애프터의 기회조차 날릴 수밖에 없었던 것은 그냥 인연이 아니었던 것으로 생각해야 마음이 편할 듯하다. '엊그제 정시 원서접수를 시작하며 한 해를 맞이한 게 분명 얼마 지나지 않은 것 같은데 벌써 12월이구나.'라며 한 해를 마무리하고, 특히 코로나19 덕분에 연기된 입시 일정으로 누군가는 크리스마스이브에도 정시 퇴근은 꿈꿀 수 없었다. 아니, 생각해보니 코로나19가 아니더라도 매년 정시 원서접수는 12월 말부터 1월 초까지 맞물려 진행되니까 12월 31일도 단축근무 따위는 입학사정관에게는 사치였다. 12월 31일 종무식 후 일찍 퇴근하는 누군가가 부러운 것은 어쩔 수 없는 일.

도대체 입시 기간 중 얼마나 학교에 있는지 궁금해서 학생이 시험 기간이면 평소 안 하던 책상 정리를 하고 갑자기 학습 계획을 세우는 것처럼 산더미처럼 쌓인 평가를 해야 하는 학교생활기록부를 뒤로 한 채 평가 기간 중 대략적인 근무시간을 계산해보았다. 하루 약 11시간, 24시간 중 46%를 학교에서 근무하는 것이 입시 기간 중의 평균 근무시간이었다. 말 그대로 평균이고 대략적인 시간이다. 물론 일과 중에 다른 일을 하지 않는다는 전제하에 말이다. 이번 주말 출근도 언제나 나를 기다린다.

． ． ．

입학사정관을 하지 않았다면

조금 더 멋진 30대의 연애를 할 수 있었을까?

이건 어디까지나 내 합리화이자 내 생각일 뿐이다.

하하.

2

미션 임파서블

우아하게 컴퓨터 앞에 앉아서 성적 사정(查定)을 하고 학생부를 평가하는 것이 입학사정관의 업무라고 생각하는 경우가 제법 있는 것 같다. 물론 이 일들이 가장 중요한 업무이다. 그러나 이를 위해서는 평가 전까지 열심히 뛰어다녀야 한다.

여러 학교에 재직하다 보면 대기업 인사·교육 근무자로 교육에 관심을 가지고 이 일을 시작한 사람부터 교수님의 추천, 교사, 교육 관련 회사 경력자 등 다양한 경력의 입학사정관을 만날 수 있다.

'입학사정관'이라는 직업 자체가 전국 팔도를 돌아다니는 일을 시작으로 택배 상자를 나르는 일까지 상당한 육체적 노동이 필요한 직업이다. 직업의 특성이나 조직 분위기가 본인의 예상과 달라서였는지 힘들게 입사했음에도 불구하고 2주 만에 퇴사하는 경우도 있었다. 짧은 재직기간에 마침표를 찍고 갑작스레 퇴사한 그분들의 깊은 속사정까지는 모르겠지만, 본인이 생각한 일과 현실의 괴리감이 있었던 것만은 확실한 것 같다.

여대부터 의과대학까지 여러 유형의 대학교에서 입학사정관으로 일하며 좋은 점 중 하나는 입학사정관으로서의 모든 업무를 다 경험해볼 수 있었다는 것이다. 안정적인 직장이나 삶을 추구하는 사람에게는 이것이 장점만은 아니겠지만….

이화여자대학교에서는 주로 학교 설명회와 교사 간담회 위주의 업무를 담당했다. 예를 들어, 대구/경북, 부산/울산, 창원/경남, 광주/전남, 전주/전북, 대전/충남/충북/세종, 서울/경기/인천/강원 등 각 고등학교에 공문을 발송하여 신청받는 형식으로, 지역마다 약 50~100여 명의 초청 교사 간담회를 진행했다. '교사 간담회'는 교사가 참석대상이고, '학교 설명회'는 본교에 관심이 있는 학부모, 학생, 교사 등이 참석대상이 된다. 교사 간담회나 학교 설명회 진행을 위한 공문을 발송하려면 대상 고등학교 목록을 공문 기안 프로그램에서 하나씩 다 클릭해야 한다. 수백 개 고등학교를 클릭하느라 점심도 거른 채 양반다리로 앉아서 누군가 사다주었던 초밥을 먹었던 기억이 아직도 난다. 교사 간담회 진행을 위해서는 참석 고교 대상으로 온라인 신청을 받고, 여러 고등학교 교사들에게 더 많은 기회 제공을 위해서 동일 고교에서는 2~3인 정도로 교사의 참석 인원을 제한한다. 만약 한 학교에서 여러 명의 교사가 참석 신청을 했을 경우는 개별 연락을 하여 사정을 설명하고, 참석 인원에 대해 제한을 두는 악역을 담당하기도 한다.

이제부터 시작이다. 교사들과 통화하려면 학교마다 수업 시간이 다르니 쉬는 시간을 맞추는 일도 여간 어려운 일이 아니다. 한 번에 통화 연결이 되면 어젯밤 횡재하는 꿈이라도 꾼 듯하다. 수업 시간이 아니면 조회 시간, 종례 시간 혹은 잠시 자리를 비웠다는 이유로 연결이 어려우니 말이다. 여러 번 시도 끝에 문자를 남겨보기도 하고, 틈틈이 통화하면서 다른 업무를 병행하면 하루라는 시간이 우습게 지나간다. 교사 간담회 행사를 준비하기 위해서는 행사 포스터와 현수막을 제작해야 하는데 담당자로서 같이 근무하는 입학사정관들의 의견에 귀 기울이지 않을 수 없다. 사공이 많으면 가끔은 배가 산으로 가는 것 또한 내 팔자겠거니 하며 어느 정도는 마음을 비우고 진행해야 한다. 오탈자는 기본이고 글씨체나 색감, 전반적인 디자인 배치 등을 수정 또 수정하지만 언제나 그랬듯, 보면 볼수록 수정의 끝이 보이지 않는다. 반복되는 수정으로 업체와 여러 번 통화하고 시안을 주고받다 보면 내 몸에 힘이 쏙 빠지고 더 이상의 욕심은 버려둔 채 '최종 시안'으로 확정한다. 그렇게 하지 않으면 이젠 몸에서 사리가 나올지도.

학교 설명회나 교사 간담회 참석자들에게 간식 배부를 위한 준비도 해야 한다. 서울지역은 학교 주변을 이용해 보거나 추천을 통해서 검증된 업체에서 주문할 수 있지만, 지방은 도대체 아는 곳이 없으니 문제다. SNS와 블로그를 폭풍 검색하기 시작하고, 열심히 전화를 돌린다. 모르는 사람이 보면 출근해서 종일 SNS와 블로그 맛집이나 검색하는 것처럼 보이기에 십상이다. 최소 60인분 이상 주문이 가능해야 하고 행사장까지 배달 서비스도 필요하다.

간식은 학교 설명회와 교사 간담회를 하는 날뿐만 아니라 입시 당일에도 위촉된 교수사정관과 입시 진행 직원들을 위해서 준비해야 한다. 면접 입실 마감이 8시 반이나 9시면 교수사정관은 7시~7시 반에 집합하여 간단한 당일 입시 O.T.에 참여하는데 이른 시각이라 아침 식사 대용으로 김밥이나 주먹밥, 토스트, 컵 과일, 떡, 커피 등을 제공한다. 주말에 이루어지는 전형이 많은 탓에 이른 주말 아침 시간부터 수고하는 교수사정관, 입학사정관, 교직원들에게 최고로 맛있는 것을 대접하고 싶은 마음이 크다. 그들의 협조가 없으면 오늘 이 입시를 제대로 진행할 수 없으니 말이다.

한 번은 입시전형 날, 맛있다는 유명한 떡집에서 팥이 들어간 찹쌀떡을 주문했는데 아침 이른 시간에는 배송이 안 된다고 해서 전날 미리 저녁 배송을 받았다. 겨울이긴 했지만 떡 내용물이 팥이라서 업체에서도 2~3시간 정도의 해동 시간을 추천하길래 떡의 신선함을 위하여 냉동보관을 했다. 입시 당일 아침 거의 2시간이 지났는데도 날이 추워서 그런지 해동은커녕 계속 얼어 있는 찹쌀떡 상자를 부둥켜안고서 어쩔 줄 모르며 입시 진행 건물 본관 1층 사무실에서 대략 200개 정도 되는 떡을 전자레인지에 돌려서 해동시킨 적이 있다. 그날 전자레인지 앞에서 평생 맞을 전자파를 한 번에 다 맞지 않았을까 싶다. 다행히도 떡을 잘 해동해서 다들 맛볼 수 있도록 했지만 두 번 다시는 과한 욕심으로 떡집 맛집 따위는 찾지 않고, 당일 새벽 배송이 되는 곳에서 주문하는 것으로 내 일생의 큰 교훈을 얻은 날이었다.

그날, 하필 폭설까지 내리는 바람에 예년과 달리 수험생 고사장 입실률은 겨우 절반밖에 되지 않았다. 입학팀 담당자들은 당시 상황을 입학처장과 입학부처장에게 보고한 후, 빠르게 입실 시간 연기 SMS를 발송하기도 했다. 그동안 입학사정관으로 근무하며 폭설로 인한 입실 시간 연기를 두어 번 한 적이 있다. 총무팀을 비롯한 직원들은 다급하게 오는 수험생들이 오는 길에 미끄러워서 넘어지기라도 할까 봐 얼른 나가서 눈을 치우지만 그 마음도 모른 채 계속 내리는 눈은 야속하기만 했다. 그래도 무탈하게 그날의 입시는 잘 마쳤다. 아침도 제대로 못 먹었는데, 그때야 밥 생각이 났다. 얼른 가서 따뜻한 컵라면이랑 주먹밥이 먹고 싶다는 마음뿐이었다.

지역별로 진행하는 교사 간담회, 학교 설명회뿐만 아니라 본교에서 실시하는 학교 대형 설명회는 매우 중요하다. 보통 천 명 단위로 참석을 하는데 사전 예약을 받고 외부 장소를 대여하거나 여력이 되면 학교 대강당에서 진행하기도 한다. 특히, 수시전형 원서 지원하는 시점인 9월 이전에 마지막으로 진행되는 설명회는 상당히 의미 있고 중요하다. 학교 인재상에 맞춰서 잠재력이 있는 우수한 학생을 선발하기 위해 본교에 관심 있는 학생들에게 더 깊이 있는 정보와 다양한 기회를 제공한다. 설명회는 대부분 학교 총장이나 입학처장의 인사말로 시작된다. 한 번은 갑자기 설명회 이틀 전쯤 총장님이 설명회의 인사말을 하겠다는 연락이 왔다. 입학사정관실에서는 부랴부랴 선임 입학사정관을 중심으로 인사말을 작성하기 시작했다. 원고를 작성하면 비서실로 보내고 확인을 받은 후 최종 진행이 되기 때문에 결코 여유 있는 시간이 아니었다. 설명회 시작 시각은 오후 2시였고, 그때까지 확인받은 원고를 총장님께 전달해야 했다. 당시 학교 설명회는 나의 업무였으므로 선임 입학사정관의 요청으로 원고를 출력해서 교내 설명회가 진행될 대강당으로 바로 들고 갔다. 그런데 다른 보직자가 원고에 적힌 글씨가 총장님이 보기에는 너무 작고, 원고를 한 장 한 장 넘기면서 읽기에 편하게 만들어주면 좋겠다고 수정을 요구했다.

'설명회 시작 전까지 1시간 반 정도밖에 안 남았는데 도대체 어떻게 하라는 말인가? 지금 어디를 가서 켄트지라도 사서 큐카드를 만들어야 하나?' 초침이 움직일 때마다 나의 마음은 조급해져만 갔다. 문득 대학교 재학 중에 연예인 채플 MC를 했던 경험이 생각나면서 그때 만들었던 큐카드를 복기해보기로 했다. 더운 여름 어느 날, 정말 발바닥에 땀이 나서 내 발 냄새가 주변에 진동했을지도 모를 만큼 열심히 뛰었다. 우선 학교 대표색과 유사한 색지로 큐카드를 만들고, 큐카드를 들었을 때 방송에서 프로그램명이 보이는 것처럼 학교 교표가 보이면 좋겠다는 생각이 들었다. 그리고, 얼른 창고로 가서 외부에 모집요강, 학교 홍보 안내서 등을 발송할 때 사용되는 학교 교표 스티커를 찾아냈다. 이제는 원고를 편집해야 할 차례다. 1시간 남짓 남았지만, 어느 때보다 깊은숨으로 호흡을 가다듬고 침착하게 폰트와 줄 간격을 확대하여 보기 편하게 편집했다. 이제는 원고지와 색지를 A5 크기로 잘라서 풀로 붙이기 시작했다. 작업하는 내내 여러 번의 전화가 왔고 "선생님, 얼마나 걸려요? 이제 총장님 10분 후에 오신대요."라는 말을 듣고 나니 진땀이 흐르고, 손가락은 딱풀이 붙어 찐득해졌다. 쏜살같이, 젖 먹던 힘을 다해서 달려갔다. 다행이다. 딱 맞춰서 겨우 도착했다. 행여나 0점이 될까 조마조마했던 설명회는 그렇게 잘 마칠 수 있었다.

인생의 선배들이 이런 이야기를 했다. '인생에서 쓸모없는 경험은 단 하나도 없다.'라고. 그 말이 기가 막히게 딱 들어맞는 날이었던 것 같다. 대학교 때의 채플 진행 경험이 피가 되고 살이 된 그런 날이었으니 말이다. 설명회를 마치고 1주일쯤 지났을 때였다. 입학처 직원 선생님 한 분이 "선생님, 총장님한테 인사말 대본 어떻게 드렸어요? 앞으로 총장실에서 행사 때 그렇게 스크립트를 만들라고 총장님이 그러셨대요."라는 이야기를 들었다.

• • •

어떨 땐 내 몸을 불살라야 하는 이 일은

극한직업이라는 생각도 들지만,

이런 이야기를 들으면 참 뿌듯하다.

그래서 어떤 일도 '적당히' 할 수가 없는 것이다.

오늘도 99점이 아닌 100점이 되기 위해서

애쓰고 또 애써본다.

3

나는 김주영 선생인가?

수시전형에는 크게 '학생부교과전형, 학생부종합전형, 논술전형, 특기자전형' 등이 있다. 학교마다 전형에 차이가 있지만 가장 많이 지원하는 전형 중 하나가 바로 '논술전형'이다. 이 논술전형은 보통 지원자가 만 명 단위이다. 우리나라에서 1순위 대학인 S대학은 논술전형을 운영하지 않으며, 실제 교육부에서는 논술전형의 인원 축소를 권장하고 있는 것이 현실이다. 그러나 개인적으로는 수험생에게 여러 전형을 통해서 각기 다른 재능으로 다양한 기회를 가질 수 있도록 하는 것은 좋은 일이라고 생각한다. 논술전형에 많은 학생이 지원하는 이유 중 하나는 글자 그대로 논술위주의 전형이기 때문이다. 대학별로 전형에 차이가 있지만, 논술전형에 내신이 반영된다고 해도 그 비중이 5~10% 내외 등으로 크지 않은 수치이므로 논술이 절대적으로 중요하다고 할 수 있겠다. 즉, 수능 최저학력기준만 맞추면 속된 말로 논술 한 방으로 합격할 수 있는 전형이다.

논술전형에는 수능최저학력기준이 적용되기 때문에 일반적으로는 수능 이후 1~2주 사이에 전형이 진행된다. 그래서 원서접수 시에 최초 경쟁률이 100:1 혹은 그 이상인 경우가 많지만, 수능최저학력기준이 충족되는 지원자만이 본 시험에 응시하기 때문에 실제 응시 경쟁률은 최초 경쟁률보다 낮아진다. 또, 수시전형 중 다른 전형에 합격하여 굳이 논술전형에 응시하지 않는 학생들도 있기에 결국 원서접수 대비 대략 1/3 수준으로 경쟁률이 줄어드는 것을 확인할 수 있다. 보통은 주말 중 여러 학교에서 논술전형이 같은 일정에 실시된다. 교과 내신이나 학생부종합전형보다는 논술전형에 비중을 두는 수험생은 '6논술'(수시전형에서 쓸 수 있는 6개의 모든 수시 카드를 논술전형에 올인(All-In))로 지원하기도 한다.

같은 날 여러 학교에서 진행되는 논술전형 날이면 근처 경찰서 교통과에서 교통정리 협조를 해주고, A대학에서 논술을 마친 학생은 B대학으로 오토바이 퀵 서비스를 타고 오는 경우도 더러 있다. 학교 캠퍼스 곳곳에서 논술시험이 진행되니 캠퍼스가 낯선 수험생들을 배려하는 차원에서 캠퍼스에는 재학생 중 도우미 학생을 배치해서 빠른 길을 안내해준다.

어느 해에는 입실 시간을 얼마 남겨두지 않고 한 학생이 논술시험 응시를 위해서 왔는데 길을 안내하는 도우미 학생과 함께 뛰었지만 바로 앞에서 입실 시간이 종료되어 고사장 문을 닫을 수밖에 없는 상황이 발생했다. 그 광경을 학부모들과 입시 관계자들이 지켜보는 상황이었고, 그해는 정유라 사건이 발생한 이후로 입시에 대한 '공정성'이 어느 때보다 강조되던 시점이었다. 도우미 학생이 건물 안 화장실에 가서 자책하며 울고 나오는 모습을 본 모든 이들은 하나같이 안타까워했다. 그날 오후 논술시험 때 내가 담당하고 있는 장소에 고사장을 잘못 찾아온 수험생이 있었다. 현재 장소로부터 이동해야 하는 장소까지는 약 7~8분이 소요되는데 이미 도우미 학생의 자책하는 모습을 봤기에 행여나 이 지원자가 논술시험에 응시하지 못할까 노심초사하며 함께 뛰기 시작했다. 스스로 내가 이렇게 달리기가 빠른 줄은 몰랐던 날이었다. 우사인 볼트라 도 된 것처럼 정신없이 같이 뛰는데 무슨 생각으로 그렇게 빨리 뛰 었는지 아무 생각도 나지 않았다. 11월인데도 땀이 뻘뻘 날 만큼 뛰는 내 모습을 지켜봤던 다른 입학사정관 선생님이 '바람돌이 소 닉'인 줄 알았다고 말했다. 그 학생의 나침반이 되어서 입실을 완 료하고 나니 그렇게 뿌듯할 수가 없었다. 오전에 수험생이 입실하 지 못한 사건을 계기로 이제 도우미 학생은 안내만 해줄 뿐 더는 함께 뛰는 일은 하지 않도록 규정을 정했다. 이런 내 모습을 보니 2018년, 2019년에 성황리에 방영되었던 〈SKY 캐슬〉의 김주영 선 생이 생각났다. 드라마 주인공 예서의 일거수일투족을 코치해주었 던 김주영 선생.

그렇게 논술고사는 시작되었지만, 다른 대학에서 시험을 마치고 빠듯하게 넘어왔거나 지방에서 올라왔다는 등 다양한 이유로 고사 장 입실에 실패한 학생들과 학부모들은 건물 밖에서 문을 열어달 라고 소리를 지르며 두드리기 시작했다. 한 번은 내가 담당했던 건 물이 40년은 훌쩍 넘은 오래된 건물인 데다 리모델링도 하지 않았기에 문을 흔들면 무너질 것만 같았다. 문이 열릴까 봐 겁이 나서 입학처 담당 교수님과 나를 비롯한 몇 명 사정관, 도우미 학생들이 그 문을 잡고 있었다. 이것은 정의감인지 무엇인지 알 수 없었지만 나는 앞장서서 그 문의 제일 앞에서 내 몸을 날려 문을 막았다. 순간 진심으로 '이러다 오늘 이 유리문이 내 쪽으로 넘어와서 사고가 날 수도 있겠구나.'라는 무서운 생각도 들었다. 그 문을 막고 서 있자니 "지방에서 올라오다 보니 늦었다. 다른 ○○대학교는 시험 시간 전까지만 들어가면 다 들어갈 수 있는데 여기는 왜 안 되냐!" 부터 시작해서 "그래서 너희 대학에서는 정유라를 선발했냐?", "네 자식이 이렇게 시험 보러 왔다가 못 들어가도 안 들여보내줄 거냐?" 등 오만 가지 이야기를 들어야만 했다. 이것도 오로지 입학처 담당자의 몫이다. 마침 옆에서 그 이야기들을 듣던 경비 아저씨께서 "지방에서 오면 더 일찍 알아서 왔어야죠."라고 말씀하시는데 사이다 발언이 따로 없었다.

오늘도 0점의 입시가 되지 않기 위해서 최선의 노력을 다했다. 물론 그날 문을 너무 열심히 막고 있어서 나의 몸은 체력장이라도 한 것처럼 며칠은 파스 냄새를 풍기며 근육통에 시달려야 했다.

논술전형 때마다 생기는 일이 하나 있는데 시험을 보러 와서는 화장실에 숨어서 안 나오는 수험생이 있다. 물론, 이렇게 하려면 왜 시험장에 들어왔냐고 하겠지만 그 학생의 사정을 우리가 다 알 수 없으니 뭐라고 할 수는 없다. 부모님에 의해서 원서를 썼으니 입실하기는 했지만, 고사장 밖으로 나가면 부모님은 기다리고 시험은 죽었다 깨어나도 보기 싫으니 화장실에서 숨어 있는 것인지. 그 외에 다른 깊은 속사정이 있는지는 모르겠다. 한 번 이런 일을 겪고 나니 어느 해부터는 시험 시작종이 울렸음에도 화장실 문이 굳게 잠겨 있을 때는 의심해본다.

이처럼 시험을 보기 싫음에도 들어온 학생이 있는 반면에, 본교의 공간이 고사 장소로 부족할 경우 근처 외부 중·고등학교 건물을 대관하는데 굳게 닫혀 있는 교문을 뒤로 한 채 담을 넘어서 들어오다가 시험장에서 퇴실 조치를 당하는 학생도 있었다. 또, 한 번은 논술전형으로 합격을 했는데 본인 이름, 수험번호 등 아무런 인적사항을 기재하지 않은 학생이 있었다. 역으로 추적해서 수험생이 누구인지 예측할 수 있지만, 기본적으로 인적사항을 기재하지 않은 것은 스스로 이 전형에 대한 포기이므로 안타깝지만 어쩔 도리가 없다. 가지각색으로 이틀 혹은 2주간에 걸친 주말 동안의 논술전형은 치러지고, 수험생이 퇴실하면 감독관은 지참한 문제지, 답안지, 결시 상황보고서 등이 적힌 봉투를 고사장별로 정리한 후 테이핑하여 공정관리위원회의 관리 감독하에 채점장으로 이동하는 일을 하게 된다. 참고로 논술전형을 치르기 위한 고사장 세팅, 안내 포스터 부착 등의 일은 입학사정관과 입학 관계자인 직원들의 몫이다. 대개는 학기 중이므로 수업이 끝나고 강의실이 비어 있어야 고사장 세팅이 가능한데 오후부터 시작하게 되면 2차, 3차 점검 후 마치는 시간은 운이 좋아야 밤 10시 혹은 11시다. 물론, 다음날은 새벽 6시까지 출근을 해야 한다. 이럴 때면 집 가까운 사람이 제일 부럽고, 집이 먼 입학사정관은 간혹 집이 가까운 직원이나 입학사정관의 집에서 자기도 한다.

· · ·

당연히 우리 집 내 침대가 제일 편하지만,

11월 추위가 시작되고

논술전형이 다가오는 그런 날은

학교의 라꾸라꾸 침대에서 자고 싶다는

유혹마저 든다.

최소 두 번의 주말을 그렇게 보내야 한다.

4

몸은 기억한다

한동안 김밥을 먹지 못했다. 참 좋아했던 김밥인데 말이다. 언젠가부터 건강한 채소를 맛볼 수 있는 김밥에 손이 잘 안 간다. 서류 평가 기간이면 전형별 일정에 따라 입학사정관은 평가하게 되는데 늘 시간에 쫓기는 것이 사실이다. 늦은 밤이나 주말을 할애하면서 평가에 평가를 계속해야 한다. 이 시기가 되면 마음의 여유가 없기도 하고, 빠듯한 일정의 압박감으로 식사할 시간도 녹록하지 않다. 입맛이 없어서 식사를 거르는 입학사정관부터 스트레스 때문에 폭식하는 사람도 있다. 나는 개인적으로 후자에 속하는데 언제나 그렇듯 폭식 후 종일 평가장에 앉아 있으면 자연스레 체하게 되고, 까스활명수와 소화제에 의존한다. 그래도 체기가 내려가지 않으면, 집에 가서 손을 따거나 결국 한의원에 가서 침 한 대를 맞기도 한다. 전임사정관 외에 위촉된 교수사정관도 강의 시간 외에 틈틈이 평가장에 들러 평가를 한다. 평가장 한쪽에는 샌드위치, 컵라면, 주먹밥, 김밥, 과일 등을 비롯한 다양한 간식과 먹거리가 있다. 물론, 이 먹거리를 챙기는 일은 입학사정관의 업무 중 하나이다. 항상 같은 음식을 줄 수도 없으니 늘 고민스럽다. 단연 제일 맛있는 것은 컵라면과 함께 먹는 김밥이지만 말이다.

그날도 여느 날과 다름없이 푸드 테이블에서 끼니를 때우고자 했는데 문제는 김밥이었다. 매일 컵라면을 먹는 것보다는 나름의 건강을 생각한다는 명목하에 김밥 정도면 야채가 있으니 괜찮지 않을까 하는 생각이었다. 그러나 그날 먹은 김밥 덕분에 이후 3년은 김밥을 먹지 못하게 될 줄이야. 물론, 지금도 김밥을 먹을 때면 그때의 트라우마가 문득 떠오르기도 한다. 퇴근 후, 집에 갔는데 갑자기 머리가 어지럽고 배가 살살 아팠다. 너무 급하게 먹거나 오늘도 움직임 없이 종일 앉아 있어서 체했나 했는데 나만 그런 것이 아니었다. 그 김밥을 먹은 모든 입학사정관이 그랬다. 김밥이 남아서 집에 가져갔는데 다른 가족들까지 먹어서 모두 배탈이 났다는 입학사정관, 직원도 있었다. 불행 중 다행인 것은 그날이 주말이었고, 비가 와서 그랬는지 교수사정관은 한 명도 평가장에 오지 않았다. 결국 입학처 관계자들과 일부 가족들의 배탈로 김밥 해프닝은 마무리되었다. 그런데 하루이틀에 끝날 장염 증상이 아니었다. 나역시 꼬박 1주일은 아팠던 기억이 나는데 피검사를 한 염증 수치가 제법 높았던 것 같다. 근무시간 중간에 입학사정관들은 학교 앞 내과에 가서 수액을 맞고 겨우 정신을 차려 서류평가 작업을 근근이 이어갔다.

이날 김밥을 먹은 입학처 관계자뿐만 아니라 다른 부서에도 동일 증상을 보였다는 이야기를 들었다. 수소문한 결과, 학교 근처에서 자주 먹는 맛집으로 알려진 김밥집인데 김밥에 들어가는 햄이 상해서 이 사달이 났다는 것이다. 장염에 걸렸다고 해서 나의 서류 평가 할당량이 줄어드는 것도 아니며 또 나만 장염이 걸린 것도 아니니 올 한 해의 농사를 잘 수확하기 위해서는 정신력으로 버텨야 하는 시간이었다. 초자연적인 능력을 발휘했던 1주일이었다. 지금도 김밥 트라우마는 여전히 있어서 먹을 때마다 조심스럽다. 언제 쯤이면 그토록 좋아하는 참치김밥에 마요네즈 듬뿍 올린 찐 맛을 느끼며 김밥을 다시 먹을 수 있을는지.

입학사정관이 우아하게 서류평가와 면접평가만 하면 좋겠지만, 실상은 그렇지 못하다. 특히 종합대학일수록 예체능 실기고사가 있으므로 실기 모집단위가 없는 학교에 비해 업무량이 두 배는 늘 어나는데 실기고사 감독이나 진행요원 등으로 차출되기 때문이 다. 한 번은 미술 실기고사 감독으로 차출이 되었다. 새벽 6시 30 분, 이른 아침부터 모여서 실기고사 감독 O.T.를 진행하는 중에 아침 식사 대용으로 나온 양배추와 햄 치즈가 든 토스트는 더할 나 위 없이 맛있었다. 하지만, 3시간 동안 실기 고사장에 서 있어야 한다니 만만치 않겠다는 생각부터 스쳐 지나간다. 이전에 외고에 서 시험 감독할 때를 떠올려보면 시험 시간 50분은 말할 것 없고, 1시간을 훌쩍 넘는 모의고사 감독 시간이 그렇게 길 수가 없었다. 시험감독을 하면 당연히 긴장감으로 학생들을 주시하고, 시험에 응시 중인 학생들은 그 누구보다 예민하기에 숨소리조차 조심스럽다. 그래서 시험감독을 할 때면 굽 있는 구두는 절대 착용하지 않도록 하고, 편하지만 단정한 의상을 입도록 한다.

실기고사 입실 시간이 시작되면 부정행위 방지를 위해서 필요한 실기 도구 외의 개인 소지품은 일제히 고사장 밖으로 내놓도록 한다. 그날도 긴장감 속에 3시간을 잘 버틸 수 있을까 생각하며 고사장 안에 있는 모든 수험생을 유심히 보면서도 행여 내 움직임이나 숨소리가 방해될까 조심 또 조심한다. 실기고사가 시작되고 1시간 가까이 지났을까. 갑자기 옆 고사장 감독관 선생님이 새하얗게 질려 달려 나왔다. (고사장에는 공정한 입시 진행과 감독관의 예기치 못한 상황을 대비하기 위해 고사장 크기 및 응시 인원에 따라 2~3명의 감독관이 같이 입실한다)

수험생 중 한 명이 긴장을 한 탓인지 속이 편치 않아 실기고사 중에 구토하고 만 것이다. 바로 옆 고사장에서 우왕좌왕하는 소리 때문에 내가 감독하고 있는 고사장의 수험생들에게 피해가 갈까 봐 얼른 문을 닫고 정숙한 분위기를 유지하도록 했다. 옆 고사장에는 구토한 수험생 외 다른 수험생들이 이미 입시를 진행 중이므로 최대한 편안한 컨디션에서 실기고사를 공정하고 원활하게 진행하는 것이 관건이었다. 우선, 이런 상황이 생기면 감독관이 스스로 판단하고 대처하기에는 어려운 상황이므로 우선 고사본부에 연락을 취하여 공정관리위원회를 비롯한 담당 교수님이 와서 상황에 대해 파악하고 순조롭게 고사가 진행되도록 해야 했다. 수험생 스스로가 실기고사 응시를 포기하고 퇴실하지 않는 한 고사는 진행되어야 하며, 구토 냄새가 나므로 다른 수험생들에게 피해가 가지 않도록 재빠르게 치워야 했다.

• • •

다행히 본 실기고사는

별 무리 없이 마치기는 했지만,

이날도 입학사정관으로서

행여나 0점이 될까 조마조마하며

100점이 되기 위해 애쓴 그런 하루였다.

5

뭣이 중헌디

'이 일을 하려면 뭐가 제일 중요할까요?' 직업마다 여러 답변이 있겠지만, 그동안 대입 입학사정관 일을 하면서 이 답변에 대답할 수 있는 첫 번째는 바로 '체력'이다. 상반기에는 홍길동처럼 동에 번쩍 서에 번쩍 전국구로 다니며 고등학교 방문 설명회, 17개 시ㆍ도교육청 설명회, 교사 간담회 등을 해야 하므로 체력이 중요하다. 사실 지방으로 출장 한 번만 다녀와도 정말 피곤하지 않은가. 그런데 연달아 며칠씩 숙박을 해야 하고, 한 주에 최소 2~4일 이상은 외부 일정이 있으니 마음부터 바빠진다. 하반기에는 고3 수험생

만큼이나 끈질긴 지구력과 인내심으로 평가장에서 엉덩이를 의자에 붙이고 있어야 한다. 현대인의 고질병이기도 하지만 나에게 허리통증과 손목터널증후군은 이젠 오랜 친구가 되어버렸다. 개인마다 자세의 차이도 있겠지만 어느 입학사정관이나 공감하는 부분일 것이다. 오죽했으면 입학사정관들끼리 퇴사해서 사정관을 위한 물품 판매 사이트나 공구를 해도 좋을 것 같다고 한다. 분명 동생이 게임을 할 때 썼던 마우스 같은데 손목에 좋다니 손목 보호 마우스를 사본다. 종일 듀얼 모니터를 보고 있자니 눈이 빠질 것 같아서 모니터를 블루라이트 차단 모드로 설정하고 보호안경도 쓰며 시간마다 인공눈물을 넣어보지만, 여전히 눈은 뻑뻑하다. 퇴근 후 집에 오는 길, 분명 밤하늘은 별이 반짝이며 맑은데 내 눈은 왜 이리도 침침한지 도무지 안 되겠기에 안구 온열마사지 기계도 하나 사본다. 날이 점점 쌀쌀해지면 평가장에는 히터를 틀어서 건조하니 소중한 내 피부를 보호하기 위해서는 개인 미니 가습기와 무릎담요가 필수 아이템이 된다.

참 기계랑 안 친한 나인데 입학사정관 일을 시작하고선 생존을 위해 기계랑 친해질 수밖에 없다. 전국 팔도를 다니며 설명회를 진행하기에 준비해 간 발표 자료가 열리지 않기도 하고, 마이크가 작동하지 않는 경우가 더러 있다. 그런 날이라도 당황하지 않고, 100여 명이 모인 곳에서 마이크 없이 나의 생목소리로 설명회를 진행해야 한다. 지역별로 학교에서 사용하는 프로그램이 다르기도 한데 경기도 지역의 한 학교는 한컴프로그램을 사용해서 MS사의 파워포인트가 열리지 않는다. 만약의 경우를 대비해서 파워포인트 자료를 PDF 파일로 저장해서 발표 자료로 사용하기도 한다. 미안하지만 PDF 자료는 파워포인트처럼 효과가 없어서 텍스트처럼 봐야 하는 지루함이 있으나 중요한 것은 그날의 설명회를 무사히 마치는 것이다. 설명회 시작 전에 잠시 방문한 학교나 시·도교육청 담당자, 교사와 인사를 한다. 특히 교장실로 들어가서 교장 선생님을 만나 뵙는 일은 상당히 부담스럽다. 또, 설명회 전 모집요강, 학교 안내자료, 기념품 등이 잘 도착했는지 담당교사를 통해서 확인해야 한다. 잘 도착해서 원활하게 배부가 되면 다행이지만 간혹 엉뚱한 곳에 택배가 도착해 있기도 하다. 한번은 같이 근무하는 입학사정관 선생님이 NEIS(교육행정정보시스템으로 학교마다 고유의 코드 번호가 있다)를 확인하지 못하고, 방문 고교와 같은 고교명의 다른 지역 학교로 택배를 보낸 경우도 있었다. 택배 업무를 업체에 맡겨서 하는 대학교도 있지만, 입학사정관이 관리자로 학생 아르바이트를 채용해서 진행하기도 한다. 가끔은 이렇게 배송된 모집요강과 학교 홍보 책자가 방문 고등학교에서 요청한 자료보다 수십 권 이상 남게 되면 다시 차에 고스란히 실어서 서울로 온다. 원서접수 기간 막판에는 모집요강 한 권 한 권이 소중하고, 한 달 이상을 고생해서 여러 입학사정관이 보고 또 보며 수정한 소중한 결과물이기도 하니 차마 그 자리에 두고 올 수가 없다.

입학사정관에게는 목소리도 참 중요하다. 마치 성악가에게 가장 중요한 것이 목소리인 것처럼, 설명회 진행뿐만 아니라 항시 대면 상담을 하거나 상담 전화를 받아야 하기 때문이다. 특히, 입시 상담 기간이 되면 하루에 100통이 넘는 전화를 받는다. 전화를 잠시 내려놓을 때는 전화 아르바이트 조교들의 질문에 답변해주기도 한다. 또, 전화를 받다가 잠시 내려놓고 조교들이 오류가 있는 답변으로 안내하는 것은 아닌지 귀 기울인다. 특히, 대입 원서접수 기간이 시작되면 어마어마하게 울려대는 전화통을 붙들고 씨름한다. 오죽하면 한 번은 퇴근해서 집에 갔는데 유선전화 벨이 울리자 나도 모르게 "○○대학교 입학처입니다."라며 무의식적으로 전화를 받은 적이 있겠는가.

입학사정관 일을 하다 보니 직접 아는 분도 있지만, 한 다리 건너 소개를 받아 모르는 분들과도 통화하게 되는 일이 꽤 있다. 아는 직원 선생님의 선배 자제, 교수님 친구 자제 등 다양한 분들과의 전화 상담을 하게 된다. 소개로 통화한다고 해서 팁을 더 주는 것도 아니고 '공정성'이라는 중요한 부분이 있으므로 학교에서 진행하는 공식적인 상담의 답변밖에 해줄 수 없다. 정말 '1'도 모르는 사람들과 강원도, 충청도, 전라도, 경상도, 제주도 등 전국구로 통화하게 된다. 정작 지원하고자 하는 학생과 통화한 기억은 손에 꼽는 것 같고 거의 학부모님과 통화하게 되는 경우가 많다. 역시나 우리의 아버님, 어머님은 자녀의 학교생활기록부를 줄줄줄 외우신다. 이 정도의 열정이라면 이미 나와 통화하기 전에 학원 컨설팅, 담임교사와의 상담 등 여러 번의 상담을 통해서 많은 정보를 알고 있으시다. 내가 이직을 했음에도 불구하고 여러 다양한 학교에서 근무 경력이 있다 보니 알음알음 계속 연락이 온다. 외고에도 있었던 까닭에 고입 관련한 문의도 제법 있었다. 그렇게 얼굴도 모르는 사람들과의 통화가 이제는 제법 익숙하다. 많은 통화를 하다 보면 여러 성향의 사람들을 만나게 되는데 본인 이야기만 하기에 급급한 사람, 입학사정관의 의견만을 구하는 사람, 하소연하는 사람, 지원할 학교를 결정하는 것은 본인의 선택이자 몫인데 입학사정관인 내가 결정해주기를 바라는 사람도 있다.

• • •

양해를 구하지도 않고

나의 개인 연락처가 전해져

카카오톡 친구추천에는

이름 모를 알 수 없는 사람이 뜨기도 한다.

이렇게 당황할 때마다

'내가 사정관 일을 그만두면 전화번호부터 바꿔야지.'

다짐해보기도 한다.

6

극한직업

　수시 서류평가 기간에는 평가하는 것이 가장 중요한 일이지만, 동시에 면접전형이나 논술전형이 있으면 전형 전날 밤늦은 시간까지 입학처 직원들은 몸으로 열심히 뛰어야 한다. 면접전형과 논술전형 시험 대열로 책상 배치를 하는 것부터가 시작이다. 또, 논술전형 고사장 중 하나가 오래된 건물이라서 동시 방송이 어려운 경우에는 아날로그 형식으로 USB를 플레이어에 꽂아서 본부에서 무전으로 동시 시험을 하고 예비종과 시작종을 안내하면 각층에서 방송을 틀어주는 예행 연습도 한다. 날이 추워지니 USB의 작동이 원활하지 않아서 따뜻하게 사람의 온기로 녹여주기도 한다. 최종적으로 각 고사장의 수험번호를 제대로 부착하는 것이 가장 중요한 일인데 누군가 수험번호를 잘못 붙여서 강의실이 꼬이기라도 했다면 사무실에 있는 사람은 다시 라벨지를 재출력해서 확인하고 붙인다. 이런 일이 없기를 간절히 바라고 바라지만 언제나 그렇듯 완벽해 보이는 곳에 적용되는 '머피의 법칙'이 있다. 다들 피곤하고 지쳐 있는 데다 내일 새벽 6시까지 출근해야 한다는 부담감을 생각하면 아무 생각이 들지 않는다. 또, 이 전형들은 11월, 12월 점점 쌀쌀해지는 겨울에 진행되기 때문에 해도 빨리 지고 저녁 시간이 될수록 추워진다. 여기에 비까지 내리는 날이면 안내 대자보와 라벨지가 비에 젖을까 내 몸보다 더 소중하게 껴안고 뛰어간다. 이제 책상에 수험번호 스티커는 제대로 붙여졌는지 확인하고, 부정행위 방지 등을 위해 고사장의 모든 블라인드를 전부 내려서 가린다. 수능시험 때와 같이 벽시계는 제거한다. 한두 군데가 아닌 고사장의 공정한 전형 진행을 위해서 벽에 걸려 있던 시계는 강의 테이블 서랍에 뒤집어서 보관한다. 고사장 1층 현관이 훤히 잘 들여다보이면 내부에서 큰 도화지 전지를 테이프로 붙여서 고사장 대기 장소나 이동 동선이 보이지 않도록 한다. 대부분 남녀공학 대학들은 무거운 짐을 옮기는 일을 남자 직원이 담당하거나 남학생을 모집해서 진행한다. 여대에 근무했을 때는 남학생이 없다 보니 전날 고사장 세팅 및 당일 전형을 마친 후 정리까지 마무리할 다른 대학 남학생 아르바이트생을 따로 모집하여 진행한다. 내가 재직했던 대부분 대학은 꼭 여대가 아니어도 재학생이나 휴학생, 대학원생 중에서 아르바이트생을 모집하여 고사장 세팅과 전형을 마친 후 철수하는 업무를 하도록 했다.

입시 기간 외에도 상반기에는 고교교육 기여대학의 '정보소외지역' 사업으로 농어촌지역을 포함해 정보가 소외된 지역들을 방문하여 설명회나 학생상담, 교사 간담회를 비롯한 재학생과 동행하는 전공 멘토링 등이 진행된다. 한번은 충청도 지역의 정보소외지역 학교에 1박 2일 일정으로 본교 재학생 4명과 나를 포함한 두 명의 입학사정관이 방문하게 되었다. 운전 경력 8년 차지만, 내 운전 경험은 출퇴근 운전이나 서울 근교 정도이어서 학생들을 태우고 왕복 200km가 넘는 거리를 운전해서 가야 하는 일이 여간 부담스러운 일이 아니었다. 그런데 이동 중 전날 머물렀던 숙소 사장님이 전화해서는 같이 간 입학사정관 선생님에게 갑자기 노발대발 화를 내었다. 재학생 중 한 명이 숙소에서 과음하고는 구토를 했는데 아무런 이야기도 없이 체크아웃 했다는 것이다. 그 숙소에 머물렀던 학생은 그런 일이 기억나지 않는다고 하는데 숙소 사장님은 증거 사진까지 찍어서 메시지로 보내주고는 매트리스 세척을 포함한 비용을 추가로 요청했다. 보통은 멘토링 담당 재학생들이 같이 숙박하면 전날 저녁에 모여서 맥주 한 캔씩 마시고, 치킨도 시켜 먹고 하는 줄은 알았지만, 전국 팔도를 다니면서 그런 일은 처음이었다. '흔들리지 않고 피는 꽃이 어디 있으랴?'라는 말처럼 대학생 시절 누구나 할 수 있는 실수이고, 어른이 되어도 할 수 있는 실수지만 관련 비용 처리 부분을 포함하여 본교 이미지를 실추시킨 행동이니 조심스럽게 학생을 훈계하는 일도 필요하다. 또 요즘은 SNS도 워낙 일상화되어 있어서 무슨 이야기가 어떻게 퍼져나갈지 모르니 조심해야 한다.

・・・

그렇게 어느 무더운 여름날의 일정을 잘 마친 후,

SRT를 타고 수서역에 도착하니

저녁 시간이 되어버렸다.

피곤이 몰려와 택시를 타고 싶은 마음이 굴뚝 같지만,

퇴근 시간이라 차가 막힐 것이 뻔해서

지하철을 타기로 했다.

캐리어를 끌고 터덜터덜 지하철역으로 향하는

발걸음이 꽤 무겁다.

얼른 가서 시원하게 샤워하고 에어컨 밑에서

아삭아삭한 수박 한 조각 먹은 후

자고 싶은 마음이다.

오늘도 극한직업 임무 완수!

다음 주는 또 어떤 일정으로

전국 팔도를 다녀야 하는지

공유캘린더 일정을 보면서 잠자리에 든다.

3장

무릉도원

1

유효기간

1년 혹은 2년이라는 시간

여느 직업이 그렇듯, 입학사정관도 여러 고용 형태로 나뉘는데 크게는 정규직, 무기계약직, 계약직 정도로 구분할 수 있다. 지원 시점부터 정규직으로 선발하는 경우가 있고, 계약직으로 입사 후 무기계약직이나 정규직 전환의 기회가 주어지기도 한다. 하지만 현실적으로 많은 대학교가 계약직으로 운영하고 있다. 대부분 대학교는 입학사정관 신분의 안정화가 교육부에서 운영하는 고교교육 기여대학 사업에 가점이 되기도 하고 해당 대학교 입학처의 안정화를 위해서라도 정규직 신분 전환을 위하여 노력하고 있지만, 어떤 학교는 일반 교직원을 위촉사정관이나 전환사정관으로 임명하여 전임 입학사정관을 대체하기도 한다. 위촉사정관, 전환사정관 중에 훌륭한 분들도 있지만 아무래도 첫 발걸음부터 입학사정관으로서의 사명감을 가지고 시작한 사람과는 차이가 있을 수밖에 없다.

2007년 7월부터 기간제법에 따르면 계약직의 계약기간은 법률에 따라 최대 2년으로 정해졌다. 2년을 초과하면 기간을 정하지 않고 계약을 하는 '무기계약직' 고용 형태로 전환되므로 실제 입학사정관 채용공고를 살펴보면 육아휴직이나 단기간 근로 채용을 제외하고는 일반적으로 최대 2년까지 채용 가능하다고 되어 있다. 간혹, 2년 이후에도 고교교육 기여대학 사업을 지속하는 경우 프로젝트 계약 연장이 가능하다는 추가 문구가 있는 대학교도 있다.

고용 형태의 문제는 비단 입학사정관에게만 국한된 것은 아닐 것이다. 분명히 이 글을 읽고 있는 누군가도 같은 고민을 할 수 있다. 1년 혹은 2년 동안 계약직으로 전전하게 되니 실로 입학사정관이라는 직업의 이직률은 높을 수밖에 없다. 신분 안정화가 우선인 사람은 계약직 입학사정관이라는 직업을 저버리기도 한다. 특히나 생계를 책임져야 하거나 불안한 고용 형태에서 일하기를 꺼릴 경우는 본인의 뜻과는 다르게 사명감보다는 현실의 벽 앞에서 무릎 꿇을 수밖에 없다. 이런 구조적인 문제로 입학사정관의 연속성이 유지되지 않다 보니 자연스레 경험 많은 입학사정관이 희소해질 수밖에 없다.

입학사정관을 하는 동안 대기업 교육·인사 분야의 경력으로 입학사정관 직업에 대한 궁금증과 교육의 사명으로 입사한 입학사정관부터 교사 경력자, 교육 관련 기업의 경력자, 문화 관련 경력자, 병원 직원, 언론계열 종사자 등 다양한 경력의 사람들을 만날 수 있었다. 그중 계약직으로 입사한 경우는 6개월 이내 상당수 퇴사를 했다. 2주 출근하고 퇴사한 사람도 봤고, 출근 며칠 만에 퇴사한 다른 대학의 사례도 들었다. 물론, 정규직 직원으로 입사했음에도 입학사정관보다는 일반 교직원을 원했기에 퇴사한 경우도 있다. 퇴사 이유야 개인적인 사정이 있겠지만, 고용 불안이 입학사정관 업무에 대한 현실과 이상의 괴리에 주요한 원인이 되지 않을까 싶다. 차분하고 우아한 모습으로 학생, 학부모 상담 및 입시 관련 평가를 할 것이라 예상하고 입사했을 테니 말이다. 또한, 입학사정 관은 평가 외에 많은 업무를 한다. 학교별 채용공고에 차이가 있지 만, 대개는 '학생부종합전형 평가 및 선발, 입학전형 운영, 전형통 계 및 결과분석, 홍보 및 입학 상담, 기타 입학 관련 업무 등'으로 공고가 난다. 그중 가장 크게 다가오는 현실과 이상의 괴리는 아마 도 '기타 입학 관련 업무'이지 않을까.

여기에 들어가는 '기타'라는 업무는 앞서 나열된 업무들과는 달 리 서비스 정신을 요구하기도 한다. 나는 분명히 최선을 다해서 상 담했는데 무슨 문제인지 혹은 본인이 원하거나 만족하는 답변을 얻지 못해서인지 '불편 사항'으로 신고되는 경우도 있다. 즉, 온 · 오프라인 상담의 감정 노동을 시작으로 모집요강, 홍보책자 등의 택배 상자 포장까지 예상하지 못한 업무의 복병은 내가 입학사정 관인지, 콜센터 직원인지, 택배 서비스 담당인지 혼란스러울 수 있 다.

입학사정관의 경력이 없으면 진입하기가 쉽지 않아 그 허들이 그리 낮지도 않은 데에 비해 어렵게 입사해놓고, 퇴사 결정이 빠를 수밖에 없는 것은 인재를 오래 머물지 못하도록 하는 구조적인 문제 때문은 아닌지 충분히 고민해볼 필요가 있다. 무엇보다 입시 업무는 '연속성'이 중요한데 1, 2년마다 바뀔 수밖에 없는 고용 구조와 입사 후 짧고 잦은 퇴사의 현실은 교육 현장에 있는 한 사람으로서 답답하기 짝이 없다. 언젠가부터 누군가 새로 입사하면 얼마나 버티다 퇴사하는지 지켜보는 일이 당연시된 것은 씁쓸한 현실이다. 내가 재직한 학교 중에서 6개월 동안 4명이 퇴사하기도 했었다. 퇴직자의 재직 시기는 짧으면 2주부터 6개월이 채 안 되는 기간까지 다양했다.

대학의 입장에서 모든 인력을 정규직으로 채용하기에는 재정적인 부담이 있기에 계약직을 유지할 수도 있다. 또, 입시 제도의 변화를 우려하여 자연스럽게 타부서 직원을 위촉사정관이나 전임사정관 등으로 활용해서 인사 발령을 내는 것도 효율성의 측면에서 이해가 된다. 하지만, 위촉사정관이나 전임사정관은 필요에 따라서 다시 타부서 일반 행정 직원으로 발령을 낼 수 있으므로 연속성을 보장하지 못한다. 물론, 어떤 대학은 고교교육 기여대학 사업 유지를 위해 계약직을 포함한 일정 인원수를 전임 입학사정관으로 채용하고, 학교 환경이나 분위기에 따라서 최소한의 정규직 유지 또는 최대한으로 정규직 비율을 늘리기 위해 애쓴다. 어떤 대학교는 채용된 계약직 입학사정관이 1년 혹은 2년이 지나 계약 종료 시점이 되면 정규직이나 무기계약직 채용공고를 공지한다. 이는 기존 계약직 입학사정관의 정규직 전환을 의미하는 것은 아니지만 아무래도 기존에 근무했던 사람이 채용에 유리한 점이 있는 것은 인지상정이다. 그런데도 최초 공고부터 입학사정관을 정규직으로 채용하는 경우는 많지 않은 편이다. 앞서 이야기한 바와 같이 일반 교직원을 선발하여 전임 입학사정관으로 전환 발령하면 되기 때문이다.

잦은 퇴사와 인재 유지가 어려운 구조적인 상황에서 퇴사한 입학사정관은 다른 대학으로 이직을 하거나 사교육 시장에 발을 들여놓거나, 혹은 관련 교육 일을 하기도 한다.

이러한 고용 형태의 불안과 현실의 벽 앞에서 입학사정관이 사교육 현장으로의 이직이라는 코너로 내몰리며 이는 결국 사교육 팽창으로 이어질 수밖에 없는 것은 아닐까 우려스럽다. 역량과 노동에 따른 보상이 부족하다고 생각해서인지 입학사정관들끼리 우스갯소리로 "학원 가면 이거 1시간 상담하고 몇십만 원씩 받을 수 있다."라는 이야기를 한다. 그렇게 농담 같은 진심의 이야기를 하고 실제 사교육 현장으로 가는 사람도 있고, 매번 말만 수없이 되뇌며 캠퍼스를 떠나지 못하는 사람도 있다. 지금 이 이야기는 사교육 현장으로의 이직에 대한 비판이 아니며, 고용 불안으로 캠퍼스 안의 경력이 많은 입학사정관 부족에 대한 현실적인 부분을 말하고자 하는 것이다.

나 역시 여러 학교에 재직하며 계약직이라는 고용 형태의 불안을 경험할 수밖에 없었다. 다만 불행 중 다행이라고 한다면 역마살 덕분이기도 하고, 반복되는 환경보다는 늘 새로운 것을 갈망하기에 오히려 불안정한 고용 형태가 나에게는 긍정적이었던 것뿐이다. 계약직 덕분인지는 모르겠지만, 여대, 교대, 의대, 상위권 남녀공학 대학 등 다양한 학교 경험을 할 수 있었다. 이런 점은 분명히 입학사정관으로서 학교별 전문성을 갖추는 데 도움이 되었다. 하지만, 아무리 낯선 환경에 잘 적응하고 새로운 세계에 대한 갈망이 있더라도 잦아지는 새로운 곳으로의 첫 출근과 적응은 쉽지 않은 시간이었다. 그래서인지 조직 분위기를 조금은 빠르게 파악하고, 처음 만난 사람과 말문 트는 일이 익숙해졌던 것 같다.

나는 안정적인 고용 형태도 좋겠지만 한 살이라도 젊었을 때, 다양한 학교를 경험하고 대입 입학사정관으로서 나만의 전문성을 갖고자 하는 욕심이 있었다. 더 나아가 거시적으로는 교육 분야의 전문가가 되고자 하는 나의 꿈으로 여기까지 온 것이 아닐까 싶다.

지금까지는 단순히 내 개인적인 성향이나 방향성에 관한 이야기였다면 현실적으로 대입 입학사정관의 신분 안정화는 시급하게 필요한 일이다. 1년이나 2년마다 학교를 이직하게 되면 입시 업무의 연속성이 상당히 떨어지게 되고, 이는 국가나 대학 측면에서도 손해라고 생각한다. 어느 정도 적응이 되어서 이 학교에 맞는 전문성을 가진 입학사정관으로 양성되자마자 퇴사해야 하니 말이다.

입시 업무의 특성상 '대학입시'는 3년 예고제라는 것을 통해서 대학 입학 3년 전에 대입정책을 발표하게 된다. 2019년 4월에는 '대입전형 4년 예고제'가 국회 본회의를 통과하여 개정되었는데 이처럼 입시는 3, 4년 전부터 업무의 연속성을 가지고 있음에도 불구하고 퇴사하게 되는 입학사정관의 입지를 생각해볼 필요가 있다.

•　•　•

모든 일에서 업무의 연속성이 중요하고 필요하겠지만

그동안 대입 입학사정관으로 재직하면서

어떤 일보다도 '입시'라는 업무는

지속적인 업무의 필요성을 간과할 수 없다고

생각한다.

그런데도 많은 입학사정관이 추가 채용이나

정규직 TO가 없어서 분명 업무 성과가 훌륭함에도

불구하고 다른 대학 또는 다른 교육 현장으로

이직을 할 수밖에 없는 것이

대한민국 교육 1번지의 현실이다.

벚꽃엔딩

406,243 – 357,771 – 326,822 – 302,676 – 272,337
280,827 – 285,534 – 298,820 – 295,110 – 304,948

첫 번째 줄에 기재된 숫자는 점점 감소하고 있으며, 두 번째 줄에 기재된 숫자는 점점 증가하는 것을 볼 수 있다. 첫 줄의 감소하는 숫자는 2016~2020년까지 대한민국의 출생아 수를 나타내고, 둘째 줄의 증가하는 숫자는 2016~2020년까지 대한민국의 사망자 수를 나타내고 있다.

출생아 수의 경우, 2020년을 기준으로 4년 전과 비교해보면

133,906명, 약 33%가 감소했음을 알 수 있다. 해를 거듭할수록 사망자 수는 증가하는 데 비하여 출생아 수가 감소하는 것을 어떻게 보아야 할까? 이 통계 수치를 통해 우리나라가 '저출산, 고령화 시대'가 되어 가고 있다는 것을 명확히 알 수 있다.

안타까운 일은 저출산 고령화 시대가 도래하는 시점도 우리나라가 다른 주요 선진국에 비해 빠르다는 점이다. 우리나라의 합계 출산율은 1970~2019년(약 49년간)에 3.61명 감소하여 2019년에는 0.92명이다. 이는 다른 OECD 국가(일본: 1.36명, 독일: 1.54명, 영국: 1.63명)와 비교하였을 때 그 감소 속도가 빠름을 알 수 있다.

2021년 5월 18일 〈연합뉴스〉는 2021년 5월 기준, 10년 동안 입학자 수가 지방대를 중심으로 3만 1천여 명이 감소하였다고 보도하였다. 또, 일부 대학이 폐교와 입학 정원이 감축됨에 따라 지방을 중심으로 입학자 수가 줄어들었다고 하였다.

〈유스라인〉 2021년 3월 2일 자에서는 학령인구 감소가 반수로 인한 편입으로 이어지면서 자퇴생이 증가하고 있으며 이는 지방대를 휩쓰는 눈에 보이는 광풍(狂風)이 되고 있지만, 속으로는 골병이 들고 있다고 지방대 관계자가 토로했다고 하였다. 2016~2019년까지의 자퇴생 수는 2016년 2.2%(4만 6,434명), 2017년 2.36%(4만 8,240명), 2018년 2.56%(5만 1,763명), 2019년 2.71%(5만 4,735명)까지 늘었다고 보도하였다.

기대 수명이 높아지고, 출산율은 감소하는 저출산 고령화 시대, 이미 언론에 보도되고 있는 기사를 고려하지 않더라도 실제 현장에 있는 사람이라면 몸소 체감할 수 있는 상황이다. 학령인구 감소로 인해 당장 경쟁력이 상대적으로 취약한 일부 지방대학이 직접 타격을 받기 시작했다. 오죽하면 마치 벚꽃엔딩처럼 "벚꽃 피는 순서대로 대학이 망할 것"이라는 기사가 여러 차례 보도되었을까. 그렇다면 대한민국의 국민으로서, 한 아이의 부모로서, 때로는 그 아이들을 가르치는 교육자의 입장에서 이 상황을 어떻게 받아들여야 할까?

나아가 이제는 지방대학, 수도권 대학 가릴 것 없이 교육부는 권역별 대학평가를 통하여 대학의 정원수를 감축하고 있다. 이에 따라, 각 대학은 경쟁력 강화를 위해 나름의 자구책을 마련하고 있다. 예를 들어, 코로나 시대를 맞이하여 지방대학은 서울 주요 대학과 협업하며 온라인 플랫폼을 구축하였고, 지방 도시의 특성에 맞춰 지역인재 흡수를 위해 지역거점사업 등을 계획하거나 진행하고 있다. 또한 수도권 대학 역시 경쟁력 강화의 목적으로 산학협력, 온라인 강의의 공유 등 여러 가지 유인책을 내놓고 있다.

Tip8 거주 지역에 해당하는 특별전형을 활용하라

실제로 울산대 의과대학(일반적으로 수험생의 의대 선호도 및 입시 결과를 기준으로 서울대, 연세대, 가톨릭대, 성균관대, 울산대 의대를 메이저 의대라고 한다)은 수시전형의 일종인 학생부종합전형으로 학생부종합특별전형과 지역인재특별전형을 운영한다. 두 전형의 복수 지원이 가능하며, 특히 지역인재특별전형의 지원자격은 부산/울산/경남 지역 고등학교를 졸업하거나 졸업이 예정된 자이다. 지역인재특별전형은 해당 지역의 학생에게 교육 기회를 제공하기 위한 전형으로 일반 학생부종합특별전형에 지원했으면 불합격했을 학생이 지역인재

특별전형으로 지원하여 합격하기도 한다. 애초부터 지방대학에 경쟁력 있는 학과를 염두에 둔 학생이라면 지역인재전형과 같은 전형을 꼼꼼하게 확인 후 준비하여 지원하는 것도 입시전략 중 하나가 될 수 있다. 즉, 같은 목적지더라도 갈 수 있는 교통수단은 여러 개인 것처럼 자신의 형편에 맞는 수단을 활용하는 것도 전략이다.

한편 이를 부정적으로 이용하는 사례도 가끔 있다. 수도권에 있지만, 농어촌전형 지원이 가능한 고등학교(예를 들어 K 지역의 농어촌지역 고등학교)에 농어촌전형을 염두에 두고 이사를 하기도 한다. 물론 개인적 사정으로 이사하는 예도 있을 것이기에 모든 사례를 부정적으로 볼 수는 없지만, 교육적으로는 부모의 욕심으로 이제 막 꽃을 피울 아이에게 세상의 편법을 알려주는 일은 그리 좋지 않을 듯하다.

• • •

이 장을 마무리하며 꼭 전하고 싶은 이야기는

수도권으로 집중화되는

빈익빈 부익부 교육 현실 속에서도

벚꽃엔딩이 아닌

벚꽃을 오히려 더욱 아름답게 피도록 할 수 있는

여러 방법이 있다는 것이다.

즉, 자신에게 주어진 환경을

최대한 활용하는 것도 전략이다.

삼모작

　요즘은 취업에 유리한 트렌디한 학과가 주목을 받고 있는데 이는 대학이 눈앞의 취업률에만 경도되어 점점 취업사관학교가 되어가고 있는 것은 아닌지 우리가 고민해볼 숙제이다.

　빠른 시대의 변화 속에서 백세시대를 살아가는 우리에게 진정으로 내가 원하는 것, 잘 할 수 있는 것 더 나아가 마라톤 인생에서 완주할 수 있는 진로를 택하는 것이 필요하다. 고로, 내가 원하는 것보다는 취업률에 따라 선택한 진로나 직업은 분명 한계가 있을 수 있다.

백세시대를 살아가는 한 사람으로 인생은 삼모작이라고 한다. 즉, 기대 수명이 높아진 현재를 사는 우리는 직업을 '세 번' 바꾸게 된다는 것이다. 하나의 예로, AI라는 문명의 발달로 이전에는 사람이 직접 해야 했던 일을 이제는 기계가 대신 할 수 있다. 2021년 6월에는 한 은행권에서 40대 직원들까지도 희망퇴직을 원할 경우, 가능하도록 선택권을 주기도 했다. 시대의 변화에 따른 현상이겠지만 어쩌면 진로 선택의 가벼움도 한몫했을지 모른다.

백세시대에 '대학'이 우리 사회와 나에게 시사하는 바를 생각할 필요가 있다. 어쩌면 내가 입학사정관의 길을 선택하게 된 것도 '대학'이 우리에게 주는 의미 때문이라고 해도 과언이 아니다. 대입 입학사정관을 시작하기 전, 나의 첫 직장은 이화여자대학교 경력개발센터라는 곳이었다(현재는 인재개발원). 이 부서는 학생들의 진로 및 취업 상담을 비롯한 컨설팅, 채용추천 등을 진행한다. 자연스럽게 진로와 취업 상담을 하면서 많은 학생을 만나게 되었고, 때에 따라서 취업 멘토링과 같은 강의를 맡아 진행하기도 하였다. 초중고 12년 동안 나름대로 열심히 자기 관리와 학업에 열중해서 이 학교에 입학한 학생인데 의외로 이들과 상담을 하면 "선생님, 제가 뭘 좋아하는지 모르겠어요.", "부모님이 점수에 맞춰서 이 학과에 가라고 해서 왔거든요.", "앞으로 어떤 일을 하면 좋을지 모르겠어요." 등의 말을 제법 들었던 기억이 난다.

물론 평생을 살면서 자신이 잘하고, 좋아하는 일을 한다는 것은 상당히 큰 행운일 것이다. 아마 몇 명 없을지도 모르지만, 이런 학생을 여럿 만나게 되니 자꾸만 물음표가 던져지기 시작했다. '무엇부터 되짚어보아야 할까?' 유독 대한민국의 학교생활기록부에는 '진로희망'이라는 것이 있는데 예전에는 부모가 원하는 진로희망과 학생이 원하는 진로희망을 나눠서 기록하기도 했다. 꿈을 가지고 목표를 향해서 달려간다는 것은 참으로 의미 있는 일이지만, 막연한 누군가의 욕심으로 인한 꿈은 분명 혼란스러울 수밖에 없다.

경력개발센터에서 만난 학생 중 지금도 잊지 못할 인상 깊은 학생이 한 명 있었다. 2013년, 아쉽게도 모교인 이화여자대학교는 ROTC 학군장교 유치가 어려워지면서 당시 총장의 뜻에 따라 경력개발센터에서는 ROTC를 대신한 '장교준비반'을 운영하게 되었다. 남녀공학도 아닌 여대에서 일반적이지 않은 '군'과 관련된 업무를 처음으로 운영하는 일은 쉽지 않은 일이었기에 대부분 피하는 업무였다. 업무에 대한 내 생각을 피력할 시간이나 상황조차 없이 '장교준비반'은 오롯이 입사 막내인 나의 업무가 되었고, 나는 막막하기 그지없었다.

하루는 모자를 푹 눌러쓴 채로 한 학생이 찾아와서는 나지막한 목소리로 "선생님, 저 공군이 되고 싶은데요."라는 말을 시작으로 경력개발센터에서 지원해주는 장교준비반에 들어가고 싶다는 것이었다. 학생의 이력서를 받았는데 서울에서 가장 우수하다는 ○○예고를 거쳐서 현재 이화여대 미대에 재학 중인 학생이었다. 학생의 개인 프라이버시이므로 자세한 이야기를 할 수는 없지만, 훗날 알고 보니 서울에서 꽤 유명한 프랜차이즈 사업을 하는 집안의 자제이기도 했다. 본인은 어렸을 때부터 공군이 너무 되고 싶었는데 다른 형제들은 아버지의 사업을 물려받고 본인은 부모님의 권유로 미술을 시작해서 여기까지 왔다는 것이다. 그런데 부모님은 본인이 공군 되는 일을 반대한다면서 어떻게 하면 좋을지에 대한 고민을 털어놓았다. 일반적으로 예체능으로 예중·예고 입시를 치르고, 대학까지 오는 것은 정말 치열한 과정을 겪어야 한다. 공부뿐 아니라 자신의 전공 실기도 병행해야 하므로 누구보다 자기 자신 관리에 철저하지 않으면 안 된다. 나 역시 음악을 전공해서 예고와 대학을 진학했기에 그 힘듦을 누구보다 잘 알고 있다. 그런데도 지금 속해 있는 미대보다는 공군이 되고 싶다면서 결국 한 학기 동안 함께 상담하며 준비한 결과, 정치외교학과로 전과하였다. 어려서부터 해온 전공을 포기하기가 쉽지 않을 텐데 말이다. 이후 나의 이직으로 학생의 후일담을 전해 듣지는 못했지만 한 학기 동안 이 학생과 함께 고민하며 나눈 이야기들을 통해서 '대학'이 우리 인생에서 어떤 의미와 가치를 지니는지 생각할 수 있었다.

좀 더 앞으로 시기를 당겨서 '고등학교 시기였다면 본인의 진로를 정하는 게 조금은 더 명확할까?'라는 생각이 들기도 했다. 그런 생각을 할 즈음, 이직했던 곳이 고등학교 입시를 담당하는 이화여자외국어고등학교였다. 대학을 입학하기 전의 고등학교 학생들을 만나고 싶었다. 요즘 학생들은 어떤 환경에서 공부하고, 어떤 생각을 하며 어떻게 자신의 진로를 결정하는지 궁금했다. 이곳이라면 나의 갈증이 조금은 해소되지 않을까 싶어서 큰 결심을 하고 이직을 선택했다. 아무래도 외국어고등학교의 특성상 해외에 거주한 경험도 있고, 언어에 대한 흥미를 갖고 입학한 친구들이 많은 편이었다. 일반적인 대학에서 만난 친구들에 비해서 자신이 잘하거나 좋아하고 익숙한 언어를 전공하고자 이른 나이인 중학교 3학년 때 지원하여 고등학교에 재학 중이니 진로에 대해 다른 일반고등학교 학생들과는 조금 더 명확한 특성이 있을 것이라고 예상했었다.

그러나 또래보다 우수한 학생이라도 아직 진로에 대해 고민을 하기에는 너무 어린 탓일까.

이들은 대부분 좋은 대학 진학을 위해 외고에 입학한 것이고 특히 어문계열 진학보다는 당시에 문과계열에서 인기가 높은 경영대학, 사회과학대학 등을 진학 목표로 하는 경우가 대부분이었다. 특히 부모님의 권유나 환경(부모님의 주재원 발령 등으로 해외에 거주하게 된 경우)에 의해 외고를 선택하게 된 경우 대학 지원 시 더 혼란을 겪는 학생을 만나기도 하였다. 심지어 특정 해당 언어를 잘하는 것은 맞지만 이것보다 더 좋아하고 원하는 전공인 컴퓨터공학과와 같은 이공계열로 진로를 변경하는 학생도 있었다. 이들은 학교생활기록부에 적힌 외고의 전공과목(예를 들어 제2외국어, 회화 수업 등)들로 지원 학과에 입학하는 데 불이익을 받게 될까 봐 적지 않은 고민하는 것을 볼 수 있었다.

앞서 기재한 지방대 자퇴 기사(앞장의 벚꽃엔딩)를 살펴보면, 자퇴 원인으로 '취업을 위한 반수' 등을 들고 있다. 실제로 대입 입학사정관으로 상담을 하면 "어느 학과가 취업이 잘되나요?"라는 질문을 많이 받는 편이다. 대학이 '취업을 위한 학원이 되어야 하냐'라는 진부한 논란은 문제 삼지 않더라도 취업은 결국 자신의 적성이나 진로에 대한 깊이 있는 성찰과 이에 따른 자기 계발이 가장 중요한 것이 아닐까 싶다. 결국 나의 미래는 대학이나 학과에서 만들어주는 것이 아니라, 바로 '나' 자신을 앎에서부터 시작되는 것이라 믿기에.

. . .

백세시대

나는 내가 하고 싶은 것을 하고 있는가.

100년 동안 행복하기를 거부하고 있는 것은 아닐까?

4

맹모삼천지교

본 장의 제목을 '맹모삼천지교(孟母三遷之敎)'로 정하기는 했지만 '자모대치천지교'라고 써야 하나 고민했었다. 맹자의 어머니가 세 번이나 이사하면서 아들을 가르침이라는 뜻 대신 자식을 가진 어머니는 대치동으로 이사하면서 자식을 가르친다고 하는 것이 현실적으로 더 와닿지 않을까 싶어서다.

2020년 8월 24일 〈파이낸셜투데이〉에서는 '6·17, 7·10, 8·4' 등 정부의 연이은 부동산 대책으로 학원가를 대표하는 지역인 대치동·목동·중계동 등의 매매가와 전세가가 연일 상승하고 있다고 보도하였다. 특히 '명문학군'으로 불리는 아파트들의 매물 품귀 현상 및 전세가로 골머리를 앓고 있으며 근처 아파트나 빌라 등의 인근 상가들도 공실이 없다고 하였다. 2019년 말 기준 대치동 학원가의 학원 수는 총 706곳, 대입 학원 기준의 매출이 월평균 3,598만 원 이라고 한다. '맹모삼천지교'를 대표하는 명품학군의 아파트, 상가 등의 부동산이 정부의 부동산 규제보다는 2019년 10월 교육부가 발표한 2025년까지 자사고와 특목고 일괄 폐지 결정의 영향이 큰 것으로 보인다고 보도하였다. 결국 정시 확대와 자사고 폐지가 사교육 수요에 기름을 부었다고 부동산 업계 관계자의 목소리를 기사화하였다.

2021년 1월 26일 〈데일리 임팩트〉에서는 아무리 집값이 비싸도 아이들의 교육에 도움이 된다면 무리해서라도 명문학군 지역으로 몰리는 부모들의 종종걸음이 '역세권 위에 있는 학세권'이라는 말을 탄생시켰다고 했으며 소위 서울 3대 학군으로 대치동·목동·중계동 아파트 가격이 이를 입증하는 지표 중 하나라고 보도하였다. 또한, 각종 부동산의 규제에도 여전히 집값은 고공행진을 이어가며 학세권의 아파트값은 여전히 불패 신화로 현재진행형이라는 기사가 있다.

부모라면 자식에게 지금보다 나은 환경과 좋은 기회를 제공해주고 싶은 것이 당연지사다. 자연스럽게 교육 중심의 동네로 이사 가게 되고, 대한민국의 부동산은 어쩌면 세계에서 유래를 찾을 수 없다는 교육열에 의해서 결정된다고 해도 과언이 아니지 않을까? 대부분 사람이 '강남'이라는 곳에 살고 싶은 이유도 결국 자녀에게 수준 높은 교육 인프라를 제공하고 싶다는 본능에 기인한 것이 아닐까 싶다. 얼마 전 저녁에 아파트 단지 산책을 하는데 어머니 세 분이 아이들 학업에 관해 이야기하는 것을 우연히 듣게 되었다. 한 어머님이 오늘 하루 동안 학원 라이드 때문에 대치동 학원가를 7번 다녀오고, 3시간 동안 차에 있었다는 것이다. 순간 내 귀를 의심하기도 했지만, 그만큼 자식의 사랑이 크고 아이에게 많은 기회를 제공해주고 싶은 부모의 간절함도 느껴졌다.

2021년 6월 20일 〈한국경제〉에서는 "20조 사교육 시장에 탈탈 털리는 유리 지갑"이라는 기사를 보도하기도 했다. 분명 우리는 많은 교육을 통해서 아이에게 더 다양한 선택의 기회를 주기 위해 애쓰고 있다. 이런 투자에도 불구하고 우리 아이들의 학업성취 수준은 훌륭한가?

PISA 2015에 비해서 PISA 2018 '읽기' 영역의 하위 성취 수준 증가에 대해 생각해볼 필요가 있다. PISA 2015와 PISA 2018을 비교해보면 대한민국의 '수학', '과학' 하위 성취 수준은 감소하였지만 '읽기'의 하위 성취 수준은 2015년 20.1%에서 2018년에는 22.7%로 2.6% 포인트 증가하였다. 우리는 이 결과를 유의미하게 볼 수 있어야 한다. '읽기' 영역의 하위 수준 증가를 다음 조사한 결과에서 유추해볼 수 있는데 '잡지, 신문' 읽기, 이메일 읽기, 특정한 주제에 관해 알기 위하여 온라인 정보 검색하기, 온라인으로 집단 토론 또는 공개 토론 참여하기 성취도 비율이 OECD 평균보다 낮았다.

(출처 : 교육부 보도자료)

대한민국 교육이 입시 중심의 교육으로 운영되다 보니 OECD

주요 국가처럼 함께 토론하며 특정한 주제에 대해서 심도 있게 공

부하는 일 등이 부족한 것은 아닐지 조심스레 생각하게 된다.

〈PISA : Programme for International Student Assessment,
　　国際学業成就度 평가〉

- PISA는 만 15세 학생의 읽기, 수학, 과학 소양의 성취와 추
  이를 국제적으로 비교하고, 교육맥락변인과 성취 사이의 관
  계를 파악하기 위해 3년을 주기로 시행되는 국제 비교 연구
- PISA 2018은 전 세계 79개국(OECD 회원국 37개국, 비회원국 42
  개국)에서 약 71만 명이 참여하였으며, 우리나라는 190개교
  총 6,876명(중학교 34개교 917명, 고등학교 154개교 5,881명, 각종학교
  2개교 78명)이 참여함
- ※ 우리나라는 첫 주기인 PISA 2000부터 지속 참여, 교육부
  자료에서 인용

2019년 연말쯤이었던 것 같다. 지인 중 한 명이 대치동 대장주

아파트에 거주 중인데 그 집을 전세 놓고 이사 갈 계획이 있다고

했다. 놀라운 것은 전세를 부동산에 내놓자마자 집을 보지도 않고 바로 계약금을 보내고 전세 계약을 했다는 것이다. 그 이야기를 들은 나는 "아니, 아무리 전세라고 해도 15억이나 되는 돈을 계약하면서 집도 안 보고 바로 계약한단 말이야?"라고 되물었던 기억이 난다. 대치동은 신축 아파트가 많지 않기도 하고, 다른 집보다 조금이라도 저렴하게 나온 집이 있다면 보지 않고 계약하는 경우가 제법 있다고 한다. 이것이 바로 우리의 현실로, 교육에 대해 시사하는 바가 크다고 여겨진다. 물론, 좋은 교육을 위해 또는 이에 상응하는 좋은 결과를 얻기 위한다면 반드시 대치동·목동·중계동과 같은 곳으로 가야 한다는 뜻은 아니니 오해 없기를 바란다. 어디서든 본인 하기 나름 아니겠는가? 단지, 나는 내가 직·간접적으로 들은 일부를 현시대 교육의 현실 중 하나로 풀어가는 것뿐이다. 감히 자식을 향한 부모의 사랑을 이야기하자면, 모든 것을 다 내어주고 싶은 마음이 아닐까.

입학사정관 업무 중 하나인 고교 방문 설명회는 보통 5~8월에 진행이 된다. 평일 낮인데도 아버님들이 몇 분 눈에 띈다. 사실 내가 학교 다닐 때만 해도 일반적으로 가정에서 아빠는 교육이란 것에 그다지 관심을 가지지 않았다. 집마다 개인차가 있겠지만, 지금은 내가 중·고교를 다니던 때와는 많이 다름을 느낀다. 설명회를 마치면, 학부모님들은 이미 준비해온 노트에 빼곡하게 적힌 질문과 설명회 중 생긴 궁금증을 줄 서서 풀어놓기 시작한다. 그리고 슬쩍 옆에서 다른 학부모의 질문을 귀동냥으로 듣기도 한다. 나의 학창 시절과는 다르게 어머니의 치맛바람 못지않게 아버지의 바짓바람 열기도 뜨겁다.

특히, 지방 고등학교 설명회에 가는 경우 한 고교만 방문하기에는 시간적, 경제적 아쉬움이 있으므로 학기가 시작되면 미리 고등학교에서 신청을 받아서 같은 지역의 여러 고교를 방문하여 설명회를 진행한다. 보통은 두세 군데 학교 설명회를 하는데 입학사정관 혼자 방문하는 경우도 있지만, 대개는 2~3명 파트너와 함께 방문하여 설명회를 진행한다. 많게는 릴레이로 4개 고등학교 설명회를 진행하는데 학교 홍보와 입학전형을 나눠서 발표하기도 하고, 비슷한 시간에 설명회가 진행되어 이동이 쉽지 않을 경우는 고교별로 설명회를 진행한다. 다음 학교 설명회가 연이어 있으면 결국

질의에 대한 답변을 온전하게 하지 못한 채, 학교 홈페이지 게시판이나 입학처 이메일, 입학처 상담실 번호 등을 안내한다.

학생 대상 설명회, 학생과 학부모가 함께 참석하는 설명회, 학부모 대상 설명회 등이 있는데 특히 참석자가 대부분 학부모일 경우에는 어떤 자리보다 진땀을 빼는 경우가 많다. 준비해온 PPT 슬라이드가 한 장씩 넘어갈 때면 여기저기서 핸드폰으로 사진을 마구 찍어대느라 '찰칵찰칵' 소리가 난다. 가끔 슬라이드가 조금 빠르게 넘어간다 싶으면 "선생님, 사진을 못 찍었는데 조금 전 앞부분을 다시 한번 보여주실 수 있나요?"라며 이야기한다. 이들의 눈에서 나오는 레이저는 설명회 현장을 목욕탕 사우나처럼 땀이 뻘뻘 나게 만든다. 목욕탕 사우나는 그나마 내가 나오고 싶을 때 나올 수 있지만, 이 자리는 그러지도 못한다.

고교 방문 설명회 형태는 고등학교마다 다르게 진행되는데 효율적인 설명회를 위해서 여러 학교를 30분 단위 릴레이 방식으로 한다. 많게는 300~400명의 학부모님이 오전 10시부터 모여서 하루 반나절, 길게는 종일 설명회에 참석한다. 이화여자대학교의 경우 여대이다 보니 남녀공학 고등학교에서 설명회를 진행하게 되면 이화여대 설명회 중에는 잠시 나갔다 오시는 남학생 학부모님들의 모습도 볼 수 있다. 처음에는 당황스럽기도 했지만, 필요에 따라서 선택하는 것이고 어느 순간 이것도 익숙해지기 시작했다. 또 앉을 자리가 없는 날은 강당 뒤편에 모집요강을 든 채 서서 열심히 필기하고 사진 찍는 학부모님들이 빼곡하게 들어찬다.

Tip9 입학사정관과의 상담은 합격 여부의 중요한 'key'이다

내가 재직했던 한 학교에서는 연중 수시 설명회를 2회 정도 하고, 그때마다 학교생활기록부 상담을 해주었다. 앞서 이야기한 것처럼 학교생활기록부는 학생부종합전형에서 아주 중요한 평가자료이다(다만, 지금은 공정성 때문에 대부분 학교가 입학사정관이 직접 학교생활기록부를 보고 상담해주는 일은 없어진 것으로 알고 있다). 지피지기 백전불태라고 상대를 알고, 자신을 알면 백 번 싸워도 위기에 빠지지 않는다. 그래서 내가 지원하고자 하는 대학교의 입학사정관에게 직접 만나서 상담을 받는 것은 작년 대비 입시 결과를 근거로 올해는 어떤 모집단위 지원이 승산 있는지를 듣고 선택할 중요한 기회다.

입학사정관 수는 제한적이기 때문에 상담을 원하는 모든 사람을 상담할 수 없다. 그래서 설명회 시작 약 2~3시간 전에 번호표를 배부하게 된다. 그런데 설명회는 오후에 시작되고, 공지된 번호표 배부 시간이 아직 3시간이나 남아 있어도 학부모들은 오전부터 줄을 서기 시작한다. 한 학부모가 잠시 화장실을 다녀온 사이 줄을 선 순서가 꼬였는지 다른 학부모와 언성을 높이기도 한다. 그렇게 번호표를 받은 사람은 이미 시험에서 100점이라도 맞은 것처럼 가벼운 발걸음으로 잠시 학교 캠퍼스를 누비기도 한다. 아쉽게 번호표를 받지 못해서 상담의 혜택을 누리지 못하는 학부모나 학생들은 아쉬움에 가득 차서 어떻게 안 되겠냐며 여러 번 되묻는다.

이런 물음에 나는 아쉽지만, 오늘 대면 상담의 어려움에 대하여 양해를 구한다. 그리고, 본 설명회 진행 상담 외 대면 및 비대면 상담(이메일, 전화 상담 등)에 대한 안내를 꼭 한다. 이런 상황을 겪다 보면 정말 아이에 대한 간절한 부모의 마음이 나에게도 그대로 느껴지기에 상담하는 순간마다 온 힘을 다하지 않을 수 없다.

이 외에도 매년 여름 7월이면 '한국대학교육협의회' 주최로 약 150개 대학이 참가하는 '수시 박람회'가 서울 삼성동 COEX에서 진행되는데 이곳에서는 수험생이 관심 있는 대학교의 입학사정관을 직접 만나고 상담을 받을 수 있다. 때론 학교에서 멘토링 차원으로 재학생도 함께 참여하여 필요에 따라 대학교 생활에 대한 궁금증을 상담해주기도 하며, 12월에는 수능 이후 '정시 박람회'를 진행한다.

행사는 아침 10시 시작인데 대학관계자들은 보통 9시~9시 반에 출근하고, 이미 눈으로만 봐도 끝이 안 보이는 대략 천 명은 되어 보이는 수험생과 학부모들이 길게 줄을 지어서 마치 아이돌 콘서트장을 방불케 하는 모습으로 박람회 출입구 바닥에 앉아 있다. 운영 방식은 대학교마다 다른데, 번호표를 배부해서 본인 순서에 상담을 받을 수 있는 학교가 있는 반면에 줄을 서야 하는 학교도 있다. 요즘은 번호표를 카카오톡과 연결해서 본인 순서가 되면 알려주는 서비스를 제공하기도 한다. 만약 줄을 서야 하는 학교가 있다면 엄마, 아빠와 아이까지 세 식구가 총출동해서 10시 정각 "박람회가 시작됩니다"라는 방송이 나오고 문이 열리자마자 막 몰려들어온다. 마치 도떼기시장을 떠올리게 한다. 다들 어찌나 전심전력해서 뛰어들어오는지 지진이라도 난 것처럼 '쿵쿵' 대는 발소리는 아직도 귀에서 울려 퍼지는 것 같다.

　상담이 시작되면 어떤 학교의 경우 빠르고 깊이 있는 상담을 위해서 상담 카드를 작성한다. 그렇게 입학사정관들은 하루에 최소 30~50명씩 상담을 한다. 학교마다 차이가 있지만, 공평한 상담을 위해서 시간 타이머도 정해진 7분 혹은 10분으로 맞춰두고 타이머 소리가 나면 다음 상담자로 넘어가야 한다. 어떤 학부모는 대뜸 찾아와서 타이머를 사용했음에도 본인보다 앞에 상담했던 수험생을 더 길게 상담해준 것 같다는 불만을 제기한다. "어머님, 모두 똑같이 7분 동안 상담을 진행합니다." 이렇게 이야기를 하면서 타이머를 보여주면 그제야 발길을 돌리기도 하지만, 안 되겠다 싶었는지 다시 상담 번호표를 받아서 다른 입학사정관에게 상담을 요청한다. 같은 답변을 해주는지 확인이 필요했을 것이고, 상담한 내용에 대한 확신도 필요했을 터, 눈썰미 좋은 입학사정관이 "어머님, 아까 앞쪽 테이블에 계신 선생님께 상담받지 않으셨나요? 저희는 같은 답변을 해드릴 수밖에 없습니다."라고 먼저 엄포를 놓는다. 입학하고자 하는 학교에 대한 간절한 마음으로 두세 번 상담을 받는 것이 이해도 되지만, 동시에 원하는 다른 누군가의 기회를 앗아가는 것은 아닐지 아쉬움이 남는다.

상담 중에 아이가 피부 아토피 때문에 아파서 성적이 하락할 수밖에 없었다며 눈물을 훔치며 말씀하는 어머님, 이 학교에 꼭 오고 싶다며 울먹이는 학생, 수첩에 질문을 빼곡하게 적어와서는 끊임없이 질문하는 아버님, 아침부터 대기표를 뽑고 몇 시간을 기다리며 어렵게 온 상담 자리인데 아무런 질문을 하지 않는 아이에게 왜 질문 안 하느냐며 잔소리하는 부모님 등 정말 다양한 모습을 마주하게 된다.

상반기에 약 40개 고교 및 17개 시·도교육청의 주최 박람회(부산교육청, 대구교육청, 광주교육청, 경남교육청, 울산교육청, 대전교육청, 제주교육청 등)를 열심히 다니다 보면 전국 각지에서 모여든 COEX 대교협 수시 박람회에서 내 얼굴을 어디선가 본 누군가는 꼭 아는 척을 하며 이야기를 건넨다. "선생님, 그때 ○○고등학교에서 뵀어요!"라고 말이다. 나도 기억이 나는 임팩트 있는 학생이 있기도 하지만, 미안하게도 수천 명의 학생을 만나다 보니 기억나지 않는 경우가 더 많다. 그런데도 먼저 아는 척해주는 학생을 만나면 참 고맙다.

그리고, 이 학생을 입학 후 캠퍼스에서 만난 적이 있는데 잊지 않고 그때 그 학생이라며 인사해주는 일도 여간 반가운 일이 아니다.

• • •

동에 번쩍 서에 번쩍하는 일이

육체적으로 힘들 때도 있고,

감정 노동이라고 느껴지는 날도 있지만

아는 척해주는 한 명의 그 학생 덕분에

오늘도 이 일을 계속할 수 있는 것은 아닐까.

4장

아직도 가야 할 길

누구를 위하여 종은 울리나

"고식적인 방편에 지나지 못하는 시험의 관문을 들었다고 신입생은 반드시 기뻐할 것이 못 되며 낙제생이라고 슬퍼할 것은 없는 것이다."

— 『인물시험(人物試驗)』, 이효석, 매일신보, 1939. 4. 1.

"우리나라에도 788년 신라 원성왕 때 독서출신과(讀書出身科)가 있었다. 독서 능력에 따라 상중하 3품으로 나누어 등용하였던 제도이다. 하지만 엄밀한 의미의 과거는 고려 광종 때 시작되었다. 이후 조선 말기까지 과거 제도는 우리나라 정치 문화에 큰 영향을 끼쳤다."

– 『살아있는 한자 교과서』, 정민, 박수밀, 박동욱, 강민경, 2011. 5. 23.

우리나라 역사를 거슬러 올라가면 인재 등용을 위한 시험이 이미 오래전부터 있었음을 알 수 있다. 그만큼 인재의 중요성에 대한 목마름을 느꼈기 때문이지 싶다. 시험이라는 것을 통해 시대가 원하는 적합한 인재를 평가하고 선발하는 일은 오래전부터 중요한 일로 여겨졌다. 다만 과거에도 이효석의 매일신보에 실린 인물시험(人物試驗)처럼 평가와 선발이 쉽지 않았음을 조심스레 예상해보기도 한다.

대입을 위해 각 대학이 원하는 인재상에 따라 학생을 평가하고 선발하는 입학사정관으로서 우리나라 교육에 대한 고민은 여전하다. 무엇보다 자주 바뀌는 교육과정과 학교생활기록부 기재요령 등 매번 공부할 것이 산더미다. 더 좋은 학생 선발을 위한 변화도 있지만 어떤 사회적 이슈가 생김으로 인해서 급변하는 입시 현장은 만만치 않다. 2019년 9월 1일 조국 전 법무부 장관 자녀 입시 부정 논란으로 문재인 대통령이 '공정성 강화'를 지시하게 되었고, 석 달 후인 11월 유은혜 사회부총리 겸 교육부 장관은 '대입 공정성 강화 방안'을 발표했다. 학생부위주전형과 수능위주전형으로 대입전형을 단순화하고, 2023학년도까지 서울대·연세대·고려대 등 서울 소재 16개 대학은 수능위주전형의 선발정원을 40% 이상으로 완성한다는 내용이 포함되었다. 또, 교육부는 고교유형, 사교육 등의 외부영향력이 크다고 판단되는 논술전형과 특기자전형을 수능위주전형으로 유도하였으며, 학생부 비교과활동 기재항목 축소 및 논술·특기자전형 폐지유도 등을 발표하였다. (출처 : 교육부 '대입제도 공정성 강화 방안' 참고)

입시 담당자 입장에서 '과연 공정성 강화를 위하여 수능위주전형의 선발이 답인가?', '비교과활동을 포함하여 학교생활기록부의 기재항목을 축소하고 자기소개서를 평가서류에서 제외하는 것이 답인가?' 하는 고민은 계속될 수밖에 없었다. 물론, 정답은 없다.

분명한 한 가지는 우리가 그토록 외치는 '공정'이라는 틀 안에서 각 대학이 원하는 인재를 선발하고, 교육을 통해 인재 양성에 힘

써야 한다는 것이다. 어떤 이슈를 통해서 급변하는 교육제도는 학생, 학부모, 교사뿐만 아니라 입시 담당자에게는 항상 혼란일 수밖에 없다. 학교생활로 공부하기에도 벅찬 학생들은 바뀌는 입시 제도를 붙잡고 정보를 찾아보기에는 분명 한계가 있을 터, 결국 학부모가 팔을 걷어붙이고 학교와 학원으로 사방팔방 뛰어다닐 수밖에 없게 되는 것은 아닐지. 어쩌면 방문 상담이나 전화 상담을 학부모가 대신 하고, 그 자녀만큼이나 학교생활기록부를 줄줄 외우며 꿰뚫고 있는 것은 자연스러운 일인지도 모르겠다.

계속 바뀌는 교육제도를 이유로 정부를 비판하고자 하는 것도 아니요, 다만 교육 관계자로서 교육제도와 교육과정 개편에 대해서 충분한 고민이 필요하다고 이야기하고 싶다.

'세계 각국의 대학입시제도연구'(한국교육과정평가원, 2018)에서는 "세계 각국의 입시 제도에 대한 비교·분석 결과를 토대로 우리나라의 고교교육-대입시험-대학교육 간의 연계성을 강화하기 위한 교육과정 개정과 국가수준 대입시험 개편의 동시 추진, 중장기적 목표 설정을 통한 대입정책 추진의 일관성 확보, 대입제도 전담 기구 신설, 국가 경쟁력 강화를 위한 대입제도 국제 비교 연구의 주기적·지속적 추진이 필요한 것으로 보인다."라고 제언하고 있다.

　우리가 생각해볼 것은 이슈에 의한 교육제도 변화가 아닌 고교 교육─대입시험─대학교육 간의 연계성을 위한 교육과정 개정의 필요성이다. 더 나아가, 지속적인 대입정책을 통해서 대입제도를 전담할 수 있는 전문가를 양성하고 조직화하는 것이 중요하다.

　현재 교육과정 개편으로 2015 개정 교육과정이 2021년 고3에게 적용되고 있다. 개정의 배경을 살펴보면, TIMSS(수학, 과학 학업성취도 국제비교평가) 2011에서 초등학교 50개국, 중학교 42개국 대상으로 조사한 결과 우리나라 초등학교 4학년의 수학, 과학의 성취도는 각각 2위와 1위지만 흥미도는 50위와 48위였다. 또, 중학교 2학년의 성취도는 수학 1위, 과학 3위이지만 흥미도는 41위와 26위에 불과했다. 성취도는 최상위이지만, 흥미도는 최하위임을 알 수 있는 결과이다. 이는 과도한 반복 학습과 진도 나가는 것에 급급한 주지교과 중심의 지식 교육 결과라고도 볼 수 있다. 우리가 소위 말하는 주요과목인 국어, 영어, 수학에 치중한 교육을 개선하고 고등학교 학생의 과목 선택권을 강화하는 것이 2015 개정의 배경이다. 또한, 창의 융합형 인재를 목표로 공통과목을 도입하여 문과 · 이과로 분리된 교육과정 편성 및 운영으로 인한 지식 편식 현상을 개선하고자 하였다. 예를 들어, 인문계열 학생의 경우 과학교과 공부를 소홀히 하는 경우가 나타날 수 있고, 자연계열 학생은 사회교과 공부를 소홀히 할 수 있기 때문이다. 공통과목의 도입 및 국어, 영어, 수학 비중을 적정화하여 선택과목을 다양화하고 학생들이 과목 선택의 기회를 넓힐 수 있으며 특성화고 교육과정 NCS(National Competency Standards)와의 연계 강화 등이 2015 개정교육과정의 내용이다.

취지나 내용은 지나친 주입식 교육과 국어, 영어, 수학 중심의 교육과정에 치중된 고교교육과정을 벗어나 학생들의 선택권을 보장해주는 것 같지만, 현실적으로는 학생이 수강하고자 하는 교과목이 해당 학교에서 개설 가능한지가 관건이다.

선택과목의 수는 많은데 교사의 수는 한계가 있고, 수강인원이나 재학 중인 학교 환경에 따라서 원하는 과목의 개설 여부는 어려움이 있을 수 있다. 물론, 학교 밖 교육과정으로 거점형, 연합형, 온라인형, 계절학기 등을 포함한 공동교육과정이 있지만, 학생의 입장에서는 시간과 품을 들여 이동해야 한다. 실제로 이것을 적용하기에 우리나라 교육 현장이 녹록하지 않다는 것은 누구나 직감적으로 알 것이다. 자신이 듣고 싶은 과목 수강이 가능한 예도 있겠지만, 대학 진학을 위한 전공 적합성이나 계열 적합성을 무시할 수도 없다. 또, 내신성적 산출이 유리한 쉽고 부담 없는 과목, 본인이 선호하는 교사의 수업 등으로 선택과목을 결정하기도 한다. (고교학점제 연구학교 발표회, 2018 참고)

평가자 입장에서는 공통과목은 필수 이수 단위가 있지만, 선택과목의 경우 학생이 각자 다른 선택과목을 수강하면 과목별 내신산출 평가의 유불리도 고려하지 않을 수 없다. 모든 사람을 만족시킬 수 있는 정답이 있는 교육 현장은 존재하지 않지만, 교육과정의 변화가 학생이나 교사를 포함한 교육 관계자, 학부모 등에게 선택의 어려움과 혼란을 가져다줄 수 있다는 점을 염두에 두어야 한다.

매년 학교생활기록부 기재요령도 변한다. 담당교사를 비롯한 학생, 입시 관계자는 이를 숙지하고 지속해서 업데이트해야 한다. 외국어고등학교 입시 담당자로 근무해본 사람으로서 교사의 바쁨과 노고를 너무도 잘 안다. 수업 준비하는 것만으로도 벅찬데 각자 맡은 부서(연구, 교무, 진로 진학 담당 등) 일과 만약 담임교사까지 맡게 되면 업무 시간 내내 쉴 틈이 없다. 여기다 매번 바뀌는 학교생활기록부 기재요령을 숙지해야 하고, 이에 맞춰서 기재하는 것으로 업무는 계속 가중된다. 특히 입시에서 학생부종합전형의 비중이 커지는 만큼 교사의 어깨는 무겁다. 통일된 형식 안에서 기재하지만, 교사마다 학생에 대해 기술하는 것에 개인차가 있을 수밖에 없다. 학부모들 사이에서는 '어떤 교사가 학교생활기록부를 잘 써준다, 못 써준다.' 이런 이야기를 하며 학교생활기록부를 잘 써주는 교사가 담임교사 되기를 내심 바란다고도 한다. 이 부담감에 생긴 단어가 '셀프생기부'이다. 학교생활기록부 기재요령 변화와 학생의 요구가 많아지다 보니 학생에게 어떤 내용을 기록하고 싶은지 스스로 적어서 제출하라는 것이다. 가령, 학교생활기록부의 '세부능력 및 특기사항'은 담당과목 교사가 기재하지만, 전반적인 '행동특성 및 종합의견'을 포함한 대학 지원 시 도움이 되는 부분 등은 담임교사가 기재한다. 따라서, 이런 부분에 기재할 내용을 학생이 적어 담임교사에게 제출하도록 하는 것이다.

어느 부모가 자기 자식이 좋은 대학, 원하는 대학에 가는 것을 간절하게 바라지 않겠는가? 담임교사도 부모의 마음과 마찬가지

일 것이다. 대학이 인생의 전부는 아니지만 '대입'이라는 인생의 꽤

큰 관문을 지나는 데에 있어서 힘이 되어주고 싶은 것이 바로 담임

교사의 마음이 아니겠는가. 사실 오죽하면 이러셨을까 하는 생각

도 든다.

대입 전형자료의 공정성 강화 일환으로 학생부종합전형의 중요

한 평가자료인 학교생활기록부는 기재항목을 축소하고 있다. 예

를 들어 2022학년도 3학년의 경우 상급학교 진학 시 수상경력은

학생별 한 학기에 한 개씩만 제공되며, 2024학년도 대입(졸업생 포

함)부터 상급학교 진학 시 '수상경력'은 제공하지 않는다. 또한, 교

내 수상은 학교생활기록부 수상경력에만 입력하며, 수상경력 이외

의 어떠한 항목에도 입력하지 않는다. 시상 계획이 있는 각종 교내

대회와 행사의 준비과정 및 참가 사실은 수상여부와 관계없이 학

교생활기록부 어떠한 항목에도 입력이 금지되며 '대회'라는 용어는

수상경력을 제외한 학교생활기록부 어떠한 항목에도 입력이 금지

된다. (출처 : 교육부 '2022 학교생활기록부 기재요령')

이처럼 학교생활기록부에 기재할 수 있는 내용보다는 기재할 수

없는 내용이 많아지고, 실제 학생부종합전형에서 평가할 수 있는 서류는 점점 줄어든다. 2024학년도부터는 자기소개서도 평가 제외 서류가 됨으로써 평가자는 학생에 대해 알 수 있는 자료가 부족해지는 것에 대한 고민이 있다. 다양하고 많은 자료가 선발을 더 쉽게 해준다는 보장은 없지만, 학교생활기록부, 자기소개서, 추천서 등의 자료는 지원자의 전반적인 학교생활을 평가하는 데 도움되는 것이 분명하기 때문이다.

아무리 좋은 사람이라 해도 사람과 사람이 서로 맞지 않는 사람도 있으니 서류 한 장이나 몇 줄의 평가 내용만으로 지원자에 대하여 단정 지을 수 없겠으나 매해 학생들을 평가하다 보면 추천서를 통해서 지원자에 대한 유추가 가능하기도 하다. 지원자와 추천서를 써준 교사의 성향이 다를 수도 있겠지만, 참고자료로 충분한 것은 사실이다. 학교생활기록부에는 부정적인 내용을 기재할 수 없으므로 추천서를 통해서 가령 '성적은 우수하나 다소 이기적인 면이 있어서 사범대학 교사로 양성하기에는 부족함이 있어 보입니다.'와 같은 내용을 볼 수도 있다. 한두 명 교사의 말 한마디로 지원자를 전적으로 평가할 수는 없겠지만 추천서를 참고하여 다른 제출서류들을 조금 더 유심히 보며 평가할 수 있다. 추천서 역시 '셀프추천서'라는 것이 있다고 한다. 그러나 입학사정관 입장에서는 한 명의 교사가 여러 명의 지원자 추천서를 작성하여 제출한 것을 비교하다 보면 교사의 솔직 담백한 진정성을 통해서 '셀프추천서'인지 아닌지 정도는 판단할 수 있다. 평가자 입장에서 평가할 서류가 줄었다는 것은 한편으로는 평가시간도 단축하고, 업무량이 줄어들었다고 이해할 수 있겠으나 소수의 자료만으로 지원자를 평가하는 데 신중, 또 신중할 수밖에 없으므로 오히려 더 많은 고민의 시간이 필요할지도 모르겠다. 여기다 '학교생활기록부 블라인드'라는 것까지 실시하게 되므로 어느 지역에, 어느 학교에 재학 중인 학생인지 전혀 알 수가 없다. 학교마다, 지역마다 특성이 다르므로 평가에 있어서 이를 이해하는 일은 일정 부분 필요하다고 생각한다. 결국, 학교생활기록부 블라인드로 인해서 내신성적 산출 등이 불리하다고 생각한 학생들은 학생부종합전형에 대한 마음을 조금씩 접게 될 수 있다. 이들은 수능위주의 정시전형이나 논술고사 성적이 절대적으로 중요한 논술전형에 눈을 돌린다. 자연스레 정시전형이나 논술전형에 중점을 맞춰서 입시 준비를 하게 되면 학생부종합전형에 대한 확률적 기대를 접게 되므로 학교생활의 충실도가 낮아지기도 한다. 덧붙여서 '수능위주의 정시전형에서 만점을 받은 정도의 지원자라면 수시모집에서도 당연히 합격하지 않을까?'라고 생각하겠지만, 실제로 수능 만점이었음에도 수시전형에서는 합격하지 못한 학생도 있었다. 이렇듯 각 전형의 평가 방법과 특징이 다르다는 것을 알아야 한다.

2022학년도부터 다시 약학대학 모집이 부활한다. 그동안 약학대학은 편입으로 모집했는데 이제는 학부 신입학 모집으로 변경되기 때문에 생명공학이나 자연과학 관련학과의 경쟁률 및 입시 결과의 하락이 예상된다. 약학대학을 희망하는 학생의 경우, 기존에 생명공학이나 자연과학에서 약학대학 편입을 위한 선수과목을 수강할 수 있었기 때문에 그동안 해당 모집단위의 입시 결과와 경쟁률이 높았던 것이 사실이다. 이제는 의학전문대학원도 폐지가 되어 다시 의과대학 신입학 모집으로 바뀌게 되었고, 사법시험 대신 변호사 시험으로 바뀌면서 법과대학이 있는 일부 대학을 제외하고는 기존의 법과대학이 로스쿨로 전환되었다. 교육과정이 변화되는 것도 적응하기 쉽지 않고, 혼란스럽지만 단과대학의 부활이나 폐지 등으로 변화하는 사회의 흐름 속에서 발맞춰 따라가는 일 역시 보통 일이 아니다. 전문가들의 의견을 토대로 반영되어 변경되는 것이겠지만, 이를 받아들이는 입장에서는 항상 어렵다. 지금은 이런 제도로 운영되지만, 또 언제 어떻게 변화될지 모르니 말이다.

• • •

어제보다는 오늘이 더 나아지기를 바라는 마음에서 학생 중심으로 교육정책 변화가 계속되고 있는 것이라 믿고 있다. 하지만, 계속되는 변화 속에서 학생이나 교사, 교육 관계자가 적응하기에는 쉽지 않은 것이 현실이다. 정책 변화를 파악하는 일에 급급해져서 정작 중요한 교육의 핵심을 놓치게 되지는 않을까. 서로에게 주어진 바쁜 역할을 챙기느라 우리의 마음이 닫히고 있지는 않은지, 누구를 위하여 종을 울려야 하는지 깊이 있게 생각해볼 필요가 있다.

Number One보다는 'Only One'

부모가 자녀 교육에 동참하는 것은 좋지만, 지나친 간섭이나 자녀를 대신하는 학습 등은 자녀를 결국 수동적으로 만드는 것이므로 지양해야 한다. 지난 9년간 교육 관련 일에 종사하고, 수천 명의 학부모와 학생, 교사, 교육 관계자를 만나면서 깨달은 바가 있다면 교육의 중요한 요소 중 하나가 '자기주도성'이라는 것이다. 고등학교 입시, 대학입시가 자녀 인생 성공의 종착점이 아니다. 대학의 문에 발을 딛고 들어서는 순간부터가 더 중요할 수 있다.

모두가 부러워하고 원하는 탄탄대로로 최고의 상위권 대학에 입학했음에도 불구하고 어떻게 대학 공부를 해야 할지 모르겠다는 학생, 엄마가 옆에 없으면 공부를 못하겠다는 학생도 있었다. 과연 이들의 공통적인 문제점은 무엇인지 생각해볼 필요가 있다.

결국 잦은 교육제도의 변화 속에서 더 나은 방향으로 가야 하는 것은 우리 모두의 숙제이다. 그렇다면 대입정책의 변화에서 혼란을 겪지 않기 위해서 우리가 가질 수 있는 태도는 과연 무엇일까?

아이에게 수동적인 학습이 아닌 능동적으로, 스스로 학습을 할 수 있는 힘을 길러주어야 한다. 앞서 이야기한 것처럼 목표하는 대학, 좋은 대학에 입학한 것으로 끝이 아닌 이제부터가 시작이다. 이제 우리 아이는 홀로서기를 시작해서 두 발 자전거를 타야 하는데 여태껏 의존했던 부모의 보조 바퀴 때문에 이제는 그것이 없으면 혼자 탈 수 없게 된 것이다. 익숙하고, 당연한 보조 바퀴가 잠시 수월하게 해주는 것 같지만 결국 성장통을 겪으며 스스로 커야 하는 것은 부모가 아닌 우리 아이 자신이다. 아이가 아프면 부모가 대신 아파주고 싶은 마음은 그 누구라도 백번 이해하겠지만 그 아픔을 이겨내는 일은 오롯이 아이의 몫이다.

아파트 상가에 가면 선택을 기다리는 수많은 학원이 있다. 자기주도학습(self-directed learning)을 위한 학원부터 수행평가를 위한 학원까지 어떤 학원에 다녀야 할지 고민의 연속이다. 중학교 교육과정에서 학생 스스로 잠재력과 자기주도적 학습 능력을 키우는 '자유학기제'는 어느새 더 많은 학원에 다닐 수 있는 시간이 되는 것은 아닌지 생각해봐야 한다.

실제로 상위 1%가 되어서 누구나 부러워하는 의과대학에 입학한 어떤 학생은 지도교수에게 "교수님, 의대 공부를 어떻게 해야 할지 모르겠어요."라며 고민을 말했다고 한다. 이런 학생을 어떻게 하면 좋을지, 왜 이런 문제가 생기는지에 대한 진지한 고민을 입학사정관인 나에게 어느 교수님이 털어놓기도 했다.

'사교육의 문제일까? 아니면 수동적인 주입식 학습에 의한 것일까? 혹은 부모의 관심을 넘어선 지나친 간섭이 아이의 주도적 역할을 해하는 것은 아닐까?' 등 많은 생각을 해본다.

또 어떤 학생은 항상 공부할 때마다 엄마가 뒤에서 지키고 있어야 마음이 편해서 공부가 잘된다는 학생도 있었다. 부모의 참여 교육이 모든 아이를 극단적으로 몰아가는 것은 아니지만 단적으로 이 두 사례만 보더라도 '부모'라는 입장에서 지혜를 구할 필요가 있다.

Tip10 자기주도학습 그리고 동기부여

도대체 '자기주도학습'이란 무엇인가?

자기주도학습이란, 스스로가 교육의 전 과정을 본인 의사에 따라 선택하고 수행하는 것으로 교육학 용어다. 그렇다면, 자기주도학습은 어떻게 하면 잘할 수 있는 것일까? 스스로 알아서 공부하면 그것을 자기주도학습이라고 할 수 있을까? 자기주도학습이라는 정의 한 줄에 많은 꼬리 질문이 생긴다. 자기주도학습에 대해 관심이 높은 만큼 실제로 대치동 학원가에는 자기주도학습 컨설팅 학원들이 즐비하다. '평가'라는 결과물을 통해서 어느 정도 증명될 수도 있겠지만 결과가 좋다고 해서 자기주도학습이 우수한 학생이라고 볼 수는 없다. 누군가가 정해주고, 그저 짜인 시간표에 의해서 실행하는데 이에 대한 습득력이 빠른 학생이라면 어느 정도의 결과물이 나올 수도 있기 때문이다. 지난 9년 동안 고등학교와 대학에서 근무하며 고등학교에 입학하기 전의 중학생부터 본인의 진로와 취업을 고민하는 대학생까지 수많은 학생, 학부모를 만나며 깨달은 것 중 절대적으로 가장 중요한 것은 '동기부여'라는 것이었다. 동기부여는 단순한 목표 설정과는 다른 개념이다. 목표를 설정하고 실행에 옮기다 보면 내 계획이나 뜻대로 이루어지지 않을 수 있는데 그때마다 흔들리며 되돌리지 않기 위한 굳건한 발판이 바로 '동기부여'라는 것이다. '내가 이것을 왜 해야 하는가?'에 대한 확신이자 답변이다.

이러한 일환으로 대학 입학전형 중 '학생부종합전형'은 3년 동안의 성실함이 배어 있어야 좋은 결과를 얻을 수 있는 전형이다. 언론에서는 금수저 전형이라고도 하지만, 서울교육대학교 입시정책 연구보고서에는 '2016학년도 정시전형 중 일반전형과 수시전형을 통해 입학한 학생들의 집단 간 평점 차이에서 약간의 차이를 발견할 수 있었다. 수시전형을 통해 입학한 학생들이 학력 측면의 학교 적응력이 높은 것으로 추론할 수 있다.'라고 기재되어 있다.

현장에 있는 교수님들의 이야기를 귀동냥해 들어도 대부분 수시 전형으로 들어온 학생들이 학과 공부를 더 잘 소화하고 학과에 대한 소속감이 높은 경우가 많다고 한다. 또, 얼마 전 서울시 일반고등학교 교사로 근무하는 친구와 이야기를 나누었는데 그 친구 이야기로는 그래도 학생부종합전형 덕분에 학교생활을 충실히 하고 내신이 우수한 재학생들의 진학률이 높다는 것이다. 그 학생들은 정시전형이나 논술전형으로는 대학에 진학하기 힘들었을 것이라고 했다. 오히려 소위 말하는 8학군이 아닌 일반고등학교 학생들에게 많은 기회를 주기 위해서는 학생부종합전형을 일정 수준 유지하는 것이 필요하다는 이야기이다. 이런 내용은 학생부종합전형을 통한 인재 선발의 장점에 관해서 이야기한 것이며, 반대로 '깜깜이전형'처럼 느껴지는 학생부종합전형의 단점이 이면에 존재하는 것은 분명하다. 하지만 입학사정관으로 일하면서 경험한 바로는 단점이 있다고 학생부종합전형을 축소하기보다 학생부종합전형, 논술전형, 특기자전형, 정시전형 등 전형을 다양화할 필요가 있다고 생각한다. 수험생들에게 다양하고 많은 기회를 부여해야 본인의 장점을 살려서 지원할 수 있다고 생각하기 때문이다.

이제 겨우 초등학교에 갓 입학한 8세 아이에게 동기부여를 제공하기란 쉽지 않기에 이러한 동기부여의 나침반 역할을 해주는 것이 '이야기'이다. 인생의 길을 먼저 걸어간 부모나 교사는 나침반 역할을 하는 '이야기'를 제공해주는 것이다. 이것은 간접적 경험이 되는 책이나 부모, 교사와의 대화를 통해서 형성되는데 이는 아이에게 '1+1=2'라고 답을 주는 단도직입적인 대화방식이 아니다. 나 역시도 그렇고 성질 급한 사람은 과정보다는 답이 무엇인지, 그래서 결과가 어떻게 마무리되는지 궁금하다. 누군가는 기다리는 것이 답답하고 어려워서 방영 중인 드라마는 시청하지 않고, 드라마 종영 후 한꺼번에 몰아보기를 하지 않는가.

나는 삼 남매 중 첫째로 자랐는데, 엄마가 종종 그런 이야기를 하셨다. "한 배에서 낳았는데도 어쩌면 이렇게 셋 다 취향도 다르고 제각각인지." 한 배에서 난 자식들도 이렇게 다른데 옆집 아이와 우리 집 아이는 당연히 같을 수 없지 않겠는가?

공부 잘하는 옆집 아이가 다닌다는 A라는 학교 혹은 학원을 우리 아이가 다닌다고 해서 과연 원하는 성공의 궤도를 간다고 볼 수 있는지도 고민해보아야 할 것이다.

내 아이만의 장단점이 있는데 때론 그것이 동전의 양면과 같을 수 있다. 항상 텐션이 높아 적극적이고 사교적 성격이 좋을 수 있지만, 상황에 따라서는 조용하고 차분한 성격이 필요할 수 있다. 우선, 이 아이만의 '포트폴리오' 만들어보기를 권장한다. 포트폴리오라고 해서 거창한 어떤 자료가 필요한 것이 아니다. 부모는 아이에게 'Number One'이 되기 위해 쏟아붓기 전에 'Only One'이 되도록 조력자의 역할을 해줄 수 있어야 한다. 예를 들어, 우리 아이의 기질이나 학습관련 검사를 할 수 있는데 청소년 대상 검사로 MLST-II 학습전략검사, WISE 학습종합검사, Holland® 진로적성검사, TCI 기질검사, NEO 성격검사 등이 있다.

같은 상황에서 어떤 아이는 토끼처럼 빠릿빠릿할 수 있고, 어떤 아이는 거북이처럼 천천히 느리지만 차분하게 대응할 수 있다. 그렇다고 검사 도구를 통해 나타난 아이에 관한 결과가 절대적인 것도 아니다. 검사 도구는 많은 사례의 통계를 통해 수치화된 결과이므로 참고할 수 있는 도구이고, 이를 기반으로 한 상담 도구 등을 활용해서 아이의 더 깊은 내면을 읽어낼 수 있다. 내 속으로 낳은 아이니까 부모인 내가 그 누구보다 잘 안다고 생각하지만, 어쩌면 그 선입견으로 내 아이의 목소리에 더 귀 기울이지 못하는 부모의 착각인지 모른다. 솔직히 가끔 나도 나를 잘 모르겠는데 말이다.

아이에 대한 성향 분석이 필요한 단적인 사례가 있다. 중학교에서 모범적으로 생활하고 우수한 성적으로 특목고에 진학한 아이가 있었다. 그러나 그 아이는 특목고에서 치열한 경쟁 속에서 낙오되었고, 학습 의욕을 잃고 말았다. 자연스럽게 학업성취도는 저하되었고, 결국 원하는 대학에 진학하지 못했다. 만약 이 아이가 특목고 대신 일반고교에 진학했더라면 어떻게 됐을까. 그 아이의 성향에 대한 올바른 분석이 이루어졌다면 중학교에서의 학업성취도가 일반고교에서도 유지되지 않았을까.

누구나 좋은 학교에 간다고 해서 우수한 성적을 내는 것이 아니다. 또한, 이 상황을 못 견뎌내는 것이 결코 잘못된 것도 아니고 반드시 견뎌내야 하는 것도 아니다. 실제로 중학교 때까지 1등을 줄

곧 놓치지 않았고, 학업성취도도 우수하여 특목고를 선택했는데 그곳에 어렵게 입학하고 났더니 본인처럼 잘하는 1등만 모여 있다. 누군가는 1등을 하고, 누군가는 꼴찌를 하기 마련이지 않겠는가. 이 상황을 받아들이고, 스스로 회복탄력성을 통해 잘 버텨낼 수 있는 아이라면 괜찮겠지만, 그게 어려운 아이라면 특목고보다는 항상 1등을 할 수 있는 일반고등학교를 선택하는 편이 나을 것이다. 가끔 안타까운 일이 있다면 단순히 아이의 성적표만을 들고 소위 말하는 컨설팅을 받아서 진학을 선택하는 일이다. '학업성취도'도 중요하지만, 아이의 성향이나 본인이 하고자 하는 바를 알고 이를 이루기 위해서 어떻게 할 수 있는지 등에 대한 충분한 상담 이후, 아이의 진학과 진로를 결정할 필요가 있다. 여기서 주의할 점은 상담으로 단순히 정보를 주는 선에서 그치는 것이 아니라, 아이가 주도적으로 찾아보며 여러 이야기 가운데 선택하고 결정할 수 있는 능력을 키워주는 게 바람직하다. 그것을 위한 가장 큰 조력자가 바로 '부모'일 것이다.

인생은 선택의 연속이다. 어떤 선택을 하느냐에 따라서 천차만별로 인생이 달라지기도 하기에, 그것을 잘 아는 어른이라며 '부모'

라는 사람은 때로 그 선택을 대신 해주기를 원한다. 어렸을 때야 꾸역꾸역 어찌어찌해서 부모의 선택대로 한 걸음, 한 걸음 걸어갈 수 있겠지만 부모가 아이의 인생을 대신 살아줄 수도 없으며, 나이가 들어 부모가 없는 세상에서는 아이가 스스로 판단해서 결정해야 한다. 단지 대한민국에서는 그것이 '학업'이라는 것에서 두드러진 시작처럼 느껴질 뿐이다. 어쩌면 이 작은 시작 중 하나가 중학교 때 주어지는 '자유학기제'라는 것일 수 있다고 생각한다. 착잡하게도 들리는 이야기에 의하면 자유학기제일수록 학원을 더 열심히 다녀야 하고, 학원을 더 많이 다닐 기회라는 말이 있다. 또 학원가에는 자유학기제를 위한 학업 특강 수업이 존재한다고 한다. 필요 때문에 보충적인 의미에서 학원에 다닐 수는 있겠지만 단기적으로 성적을 올리고, 단순히 선행학습 여부가 전부라면 꽤 슬픈 일이 아닐까. 우선은 명문고등학교에 입학하고, 좋은 대학에 입학하면 아이의 주도적인 인생은 그 이후에 생각해도 된다고 여기고 있는 것은 아닌지 생각해봐야 한다.

내가 마주했던 제법 많은 학생은 대학에 성적을 맞춰서, 부모님의 권유로, 취업률이 높다고 해서 선택을 했지만, 이들은 곧 또 다른 방황을 한다. 이것에 대해서 부정적인 의견을 던지는 것은 아니다. 단지, 이미 대학에 진학하기 전부터 어느 정도의 고민과 본인이 가고자 하는 길에 대한 '앎'이 필요하다는 것을 말하고 싶은 것이다. 어른이 된 우리도 직업을 바꾸고 이직하는데 우리 아이의 꿈이라고 변하지 말라는 법은 없다. 단, 그 꿈을 선택하는 일에 있어서 아이 스스로가 '충분한 고민'을 할 수 있는 기회나 시간을 마련해줄 수 있어야 한다. 개인적으로 상황이 된다면 아이가 하고 싶은 진로나 잘하는 적성과 유사한 길을 간, 나이 차이가 얼마 나지 않는 선배나 지인의 멘토링을 통해서 그 눈높이를 맞춰주는 것도 좋은 방법이다. 부모의 말보다는 실제 그 길을 걸어가고 있는 비슷한 또래의 언니, 오빠의 이야기가 더 설득력 있기 때문이다.

나는 어려서부터 피아노 선생님인 엄마 곁에서 자라며 음악을 참 좋아했다. 뱃속 태교도 피아노로 했다는 엄마의 이야기를 들어서인지 더욱 음악을 좋아했는지도 모르겠다. 예체능은 많은 재정적 지원이 필요하고, 그 분야에서 특출나게 잘하지 않는 한 밥벌이하기도 쉽지 않다는 엄마의 경험에 의한, 연륜을 가장한 선입견은 내가 음악을 배우고자 하는 일에 장애가 되었다. 특히, 노래 부르는 일이 즐겁고 좋았던 나는 유치원 재롱잔치 때부터 노래를 곧잘 불렀고 초등학교 때에도 반 대표로 동요대회, 교회에서는 성가대회를 나가기도 했다. 초등학교 5학년 때 다니던 초등학교가 교육청에서 국악 운영 시범 학교로 지정되면서 노래 부르는 것을 좋아했던 나는 선생님의 추천으로 '시조창'이라는 것을 배우기 시작했다. 서초동에 있는 국립국악원까지 오가며 열심히 배웠던 첫 나의 시조창은 황진이의 '청산리 벽계수야'였다. 그렇게 방송국 프로그램에 출연도 했고, 교육청에서 주최하는 시조창 대회에서 수상도 했다. 어린 시절 내가 잘하는 것에 대한 인정 욕구가 높았던 나에게는 타인의 칭찬이 나를 더욱 열심히 하도록 만들었다. 엄마는 설마 내가 국악을 계속하겠다 할 것이라고는 생각하지 못했던 것 같다. 취미로 하는 것뿐이라 생각했던 어느 날, 엄마는 중학생이 된 이상 더는 '정가(正歌: 정악 노래로 가곡, 가사, 시조를 일컬음)'를 안 배웠으면 했지만, 정가의 그 느릿하면서 절제된 맑은 소리는 15세 소녀를 고집부리게 했다. 그렇게 고등학교도 예고로 진학을 하게 되면서 자연스레 음대까지 오게 되었다. 대학 진학 후, 음악 전공이다 보니 국한된 내 전공 외에 더 다양한 경험을 해보고 싶었다. 국회 인턴십 양성 프로그램, A화장품사 VJ, 음악 잡지 홍보대사 등 내가 좋아하고 잘할 수 있는 일에 도전했다. 나는 분명 무대에 서는 것이 좋고, 노래하는 것도 좋은데 이보다는 사람을 만나면서 상담하고 가르치는 일에 신바람이 났다. 고민 끝에 음악 전공을 살린 교육대학원에 진학하게 되었다. 교육학석사, 세부 전공은 음악교육 전공으로 교생 실습도 꽤 즐겁게 했다. 대학원 재학 중 모교 경력개발센터 조교로 일하게 되면서 자연스럽게 진로와 취업 컨설팅에 관련한 관심이 커졌고, 이를 계기로 졸업 후 사회의 첫걸음을 모교 경력개발센터 연구원으로 시작하게 되었다. 그때의 진로·취업 컨설팅을 시작으로 지난 12년 동안 누구보다 열심히 학업에 매진하여 이곳까지 온 여러 학생을 만나며 나 역시 그들의 진로에 대한 고민을 함께하기 시작했다. 성실하게 열심히 살았는데 '정말 내가 무엇을 좋아하는지, 이 학과가 내 적성에 맞는지, 앞으로 어떤 일을 해야 만족하며 살 수 있을지' 등의 고민에 고민을 거듭하는 학생들을 만나면서 그들의 고등학교 생활이 궁금해지기 시작했다. '진로는 고등학교 때 어느 정도 결정해야 하는 것은 아닐까?' 고등학교 진학 시 외국어를 잘하고 좋아하면 외국어고등학교, 수학·과학에 재능이 있으면 과학고등학교, 국제관계에 관심이 있으면 국제고등학교 등을 지원해서 가는 게 아닐지 막연한 나의 궁금증과 답답함을 역으로 거슬러 올라가 보고자 하여 시작하게 된 일이 외국어고등학교 입학담당관이다. 그렇게 여러 대학의 이직을 거치며 나의 성장통이 시작되었고 때로는 마음과 정신의 근육을 기르면서 지금의 내가 여기 서 있다.

학부에서 음악을 전공했다고 해서 반드시 음악을 하게 되는 것도 아니다. 내 주위 친구 몇몇 사례만 보아도 모교의 피아노 전공 친구인데 5급 행정고시에 합격하여 현재 사무관으로 근무하는 친구도 있다. 또, 음대에서 경영을 복수 전공하면서 대기업 홍보·마케팅 일을 하는 친구, 국악 전공인데 심리학 석사를 마치고 아동심리치료사로 일하며 놀이센터를 운영하는 후배 등 다양한 길에서 새로운 가능성을 열어가고 있는 사람들이 많다. 지금 이 전공을 한다고 해서 후에도 이 일을 하라는 법은 없다. 특히 예체능 전공의 경우에는 이 전공을 계속해야만 할 것 같은 선입견이 있는데 그렇지 않다. 오히려 예체능 전공은 어려서부터 스스로와 끊임없는 싸

움으로 자기 관리를 더 잘하는 친구들이 많다. 또, 어떤 일을 대할 때 직관적으로 받아들임을 통해서 자신이 가지고 있는 재능을 쉽게 표현하기도 한다.

• • •

우리에게는 수많은 선택의 길이 있다.

어떤 길이 정답이라고 단언할 수는 없다.

하지만 지금 내가 좋아하는 일, 잘할 수 있는 일을

언제든 선택할 수 있다는 것은

자연스레 흐르는 물처럼,

인생의 기회를 긍정적으로 받아들이는

우리의 작은 용기에서 시작되는 것은 아닐까.

'한 아이를 키우려면 온 마을이 필요하다.'라는 아프리카 속담처럼 내 자녀가 좋은 아이로 성장하도록 하기 위해서는 부모뿐만 아니라, 학교, 교육부, 교육 관계자 모두의 노력과 수고가 필요하다. 그만큼 한 아이를 키우는 데 많은 정성과 관심, 돌봄이 필요함을 알 수 있다. 내가 이 책을 써야겠다는 결심을 하게 된 결정적인 이유는 여러 학교에서 입학사정관으로 경험을 쌓으며 교수님이나 아이를 둔 학부모를 만날 때마다 "사정관님이라면 아이를 어떻게 키우시겠어요?"라는 한 마디의 질문 때문이었다.

이화여자외국어고등학교, 이화여자대학교, 서울교육대학교, 서강대학교, 울산대학교 의과대학까지 고등학교 입시를 시작으로 여대를 비롯한 교육대학교, 의과대학 입학사정관의 경험이 있는 사람이라면 도대체 본인의 아이를 어떻게 키울까? 많이들 궁금해서 물어보는 듯하다. 아니, 내가 제3자의 입장이라도 궁금할 것 같다. 치열한 대한민국의 교육 현장에서, 특히 자식 교육이라면 안 먹고 안 쓰고 어떻게든 아껴서라도 모든 것을 올인할 수 있는 이 나라에서라면 말이다.

전문가가 되기 위한 여러 번의 이직 과정에서 힘들고 외로웠지만, 여전히 교복을 입은 아이들이 예쁘고 그들을 보면 '꿈꾸는 미래'가 떠오르기에 버티고 버티면서 사명감으로 입학사정관의 길을 걸어올 수 있었다. 설명회나 상담장에서 만나거나 외국어고등학교 입학담당관으로 재직 중에 함께했던 학생들을 하나둘씩 여러 캠퍼스에서 만나 반갑게 인사할 수 있는 것도 참으로 보람된 일이었다. 대학생이 되니 화장도 하고 반짝반짝 예뻐진 아이들의 모습을 간혹 못 알아보기도 한다. 미안하게도 학생은 나를 기억하는데 선생이 된 나는 기억나지 않는 경우가 더러 있다. 물론, 기억이 안 난다 해도 결코 티를 내지는 않지만, 너희보다 최소 열다섯 살은 더 먹은 나의 기억력의 한계라고 조심스러운 합리화를 해보겠다.

이 책을 시작하고자 마음을 먹었을 때와 지금의 나의 상황은 많이 달라졌다. 책을 쓰고자 마음을 먹고, 기획하는 단계에서 나에게 운명처럼 새 생명이 찾아왔다. 임신 전과 후의 마음가짐과 이 글을 쓰는 나의 진심이 더 깊어진 것도 사실이다. 아직 태어나지는 않았지만, 지금 내 뱃속에 태동을 느끼며 꼬물꼬물 움직이는 나의 아이가 생기고 나니 많은 교수님이나 학부모가 만날 때마다 했던 "사정관님이라면 아이를 어떻게 키우시겠어요?"라는 그 한 마디가 내 현실에 그대로 적용되지 않을 수 없었다. 마치 대학수학능력시험을 앞둔 수험생처럼 아이의 출산을 기다리는 하루하루는 참으로 특별하고 소중하게 흘러가고 있다. 사교육비 지출과 맹모삼천지교를 객관적으로 바라보는 입시 담당자의 입장이기 이전에 어느새 부모의 자리에 서 있는 내 모습을 보게 되었다. 더군다나 코로나19 상황 속에서 나의 이 모든 고민은 더욱 치열할 수밖에 없었다. 정말 '내 아이라면 나는 이 상황에서 어떠한 선택을 할까?'라는 생각을 수없이 했다. 하나하나의 에피소드가 단순히 입시 담당자 입장의 노고와 마음 졸임을 뛰어넘어선 '부모'라는 입장으로 자연스럽게 대입되었다. 나도 사람인지라 자신을 먼저 생각하고 내 자식을 먼저 생각할 수밖에 없는 모습을 마주하며 이 책을 집필하는 매 순간의 시간이 나에게 주는 의미는 더욱 특별했다.

책을 쓰면서 학교생활기록부를 들고 아이가 아토피 때문에 지난 한 학기 성적이 하락할 수밖에 없었다는 그 학부모를 떠올리는데 그분의 눈물이 예전과는 다르게 느껴졌다. 우리 아이는 더 잘할 수 있는데, 잘하는 아이인데, 내 기대가 높은 아이인데 그 아토피 피부병으로 한 학기를 고생하면서 어쩔 수 없었다는 어머님의 눈물이 이제는 시간이 지날수록 희미해지기보다 생생해지기 시작했다. 이런 것이 부모의 마음일까?

나에게 '대치동으로 이사 가는 게 나을까요?' 혹은 '이 학원 보내는 게 좋을까요?'와 같은 질문을 하고 싶은 부모의 마음 역시 이해가 간다. 그런 질문을 했던 교수도 교수이기 이전에 한 아이의 부모였기 때문이겠지. 성경에도 '너희가 악한 자라도 좋은 것으로 자식에게 줄 줄 알거든 하물며 하늘에 계신 너희 아버지께서 구하는 자에게 좋은 것으로 주시지 않겠느냐'(『성경』 「마태복음」 7장 11절)라는 구절이 있지 않은가. 여기서 의미하는 '좋은 것'이란 성서학자들에 의해서 여러 의미로 해석되기도 하지만 문자 그대로 받아들인다면 말이다.

재밌는 것은 교수님들은 자식에 대한 상담을 결코 다른 교수님이 있을 때는 잘 하지 않는다. 꼭 개인 전화번호를 알아내서 연락 오는 교수님이나 주변 지인들은 어떻게 해서라도 일대일의 시간을 마련하여 슬쩍 물어본다. "우리 아이가 초등학교 3학년 올라가는데 대치동으로 이사 가는 게 나을까요? 얼마 전에 대치동이랑 도곡동 근처 집도 알아보기는 했는데…." 솔직히 지금 고등학생 정도 되면 전반적인 학교생활이나 학업성취도, 비교과활동 등의 상황을 듣고 실제적인 조언을 해줄 수 있을 텐데 한 번도 만난 적이 없는 초등학교 3학년 아이를 두고 내가 도대체 무슨 조언을 해줄 수 있을까? 더욱 당혹스러운 것은 내 주위 지인들이 영어유치원을 보낼지 말지 하는 고민을 나에게 털어놓기도 한다는 것이다. 난 아직 아이를 낳아서 길러본 것도 아니고 소위 말하는 영어유치원에 어떤 커리큘럼이 있는지도 잘 모르는데 말이다. 내 지인 중 한 명은 그 영어유치원 입학을 위해서 4살짜리 아이를 영어 과외 시킨다는 것이다. 그리고 영어유치원 입학시험에서 합격하지 못하면 그 아이는 '좌절'이란 감정을 느낄 것 같다는 이야기를 듣고서 놀라지 않을 수 없었다.

이 책을 읽으면서 입시에 대한 명쾌한 정답을 찾고자 하는 사람도 있겠지만 그런 정답은 없다고 감히 이야기해주고 싶다. 인생에도 정답이 없다고 하지 않는가. 입시가 중요하고 아이가 통과하는 인생의 큰 관문 중 하나인 것은 사실이지만, 현실감 있는 교육 현장의 이야기를 통해서 조금은 내 아이에게 더 초점을 맞추고 가벼운 마음이 되었으면 하는 바람이다. 우리나라는 '교육=입시'처럼 느껴지고 생각하는 경향이 있는데 입시는 교육의 많은 카테고리 중 하나라고 생각한다. 교육의 본질에 대한 이해를 바탕으로 아이에게 이를 적용하고 실행하는 일이 선행되어야 함에도 눈앞에 입시의 관문이 너무도 크고, 중요하게 느껴지기에 입시가 우선시되는 것이 부정할 수 없는 현실이기도 하다. 독자들은 그 입시라는 관문을 다양한 기회로 통과할 수 있다는 것을 기억했으면 한다. 한국 대학에 입학할 수도 있고, 외국 대학 진학을 목표로 삼을 수도 있다. 내 막냇동생 같은 경우도 또래보다는 조금 늦게 미국에서 대학을 졸업하고, 이후 미국 메디컬스쿨에 입학하게 되었다. 동생 이야기로는 공부는 본인이 하고자 하는 철이 들어야 하는데 그 때가 다 다른 것 같다고 했다. 한국에도 부모와 해외 거주를 한 경우 그

기간에 따라 중고교과정 해외이수자 또는 전(全) 교육과정 해외 이수자의 재외국민과 외국인 특별전형이 있다. 옛말에도 '뜻이 있으면 길이 있다.'라고 했는데 당장 눈앞에 보이는 현실에서 원하는 결과를 얻지 못했다고 해서 다시는 돌아오지 못할 실패의 강을 건넌 것이 아니라는 이야기를 꼭 하고 싶다.

나는 지난 9년 동안 수천 명의 학생과 학부모를 만났는데 절대 잊을 수 없는 한 학생이 있다. 스펙이나 성적이 뛰어나서가 아니다. 지금 그 학생은 어디서 무엇을 하고 있을까 가끔은 궁금해진다. 4년 전 여름, 지방의 한 고등학교에서 학교 설명회와 상담을 마치고 지역 교육청 간담회 장소로 이동하는 일정이었다. 지방 고등학교 특성상 서울에 있는 입학사정관을 자주 만날 수 없기에 해당 고등학교 교사들의 의견을 모아서 3학년 학생 중 본교에 지원 가능하다고 판단되는 몇 명 학생들만 추려 일대일 상담을 진행했다. 상담을 마친 후, 교육청 간담회 장소인 지역 학생 체육관으로 이동을 했고 약 1천 명 혹은 그보다 많은 학생과 교사, 학부모가 참석했던 것으로 기억한다. 동행했던 선임 사정관이 간담회 대표로 참석하고 나는 체육관 2층에 앉아서 진학 토크 콘서트를 보고 있었다. 갑자기 내 옆으로 땀을 뻘뻘 흘리며 교복을 입은 학생한 명이 학교생활기록부를 들고서 찾아왔다. "선생님, 저 아까 ○○고등학교 설명회 때 뵈었는데요. 기억하시죠?" 누구보다 열심히 설명회를 들었고, 설명회 중 오가는 질문에 눈을 반짝이며 적극적으로 대답했던 학생이라 얼굴이 또렷하게 기억났다. 갑자기 울먹이더니 "사실 제가 ○○대학교를 꼭 가고 싶은데 저희 학교 일대일 상담은 그 학교에 지원 가능한 풀만 신청하도록 해서 저는 상담을 받지 못했거든요. 제가 성적이 좋지 않아서 이 학교에 지원하기는 쉽지 않다는 건 아는데 올해 봄에 친구들이랑 ○○대학교 캠퍼스도 다녀왔어요. 너무 가고 싶어서 학교 기념품 가게에서 교표 뺏지도 사서 오고 그랬는데 혹시 제 학교생활기록부 한 번만 봐주실 수 없을까요?"라고 했다. 지금은 학교생활기록부 블라인드가 있으므로 평가 이전에 이 자료를 보는 것은 평가에 영향을 미칠 수 있어서 학교생활기록부를 보면서 상담을 해주지 않는다. 그러나 몇 년 전만 해도 대학 자율권에 의해서 학교생활기록부를 보면서 상담을 해주는 학교가 더러 있었다. 천 명이 넘게 모인 이 체육관에서 오죽하면 설명회를 진행했던 나를 찾아내서 학교생활기록부를 들고 왔을까.

토크 콘서트 1부가 끝난 후 잠시 쉬는 시간에 상담하고자 자리를 옮겼다. 학생은 펑펑 울면서 본인이 부족한 건 아는데 어떻게 하면 ○○대학교를 갈 수 있을지에 대해서 계속 물어보았다. 학생의 판단대로 학생부종합전형이라고 해도 학업성취 부분이 부족하여 지원하더라도 원하는 결과를 얻기 쉽지 않다는 판단으로 솔직하게 이야기해주고 논술전형과 정시전형 등 다른 전형에 대해 안내해주었다. 그리고 앞으로 남은 기간 다른 전형을 어떻게 준비하면 좋을지에 관하여도 이야기했다. 4년이란 시간이 흐른 지금, 나는 입학사정관으로서 수도 없이 많은 학생을 만났는데 실력이 우수하고 뛰어난 학생보다는 아직도 이 학생에 대한 기억이 선명하다. 그 학생의 대학 합격 여부를 떠나서 많은 사람 속에서 설명회를 진행했던 나를 찾아온 용기와 본인도 쉽지 않다는 것은 알고 있지만, 본인이 입학하고 싶은 ○○대학교 입학사정관이 자신의 학교생활기록부를 한 번이라도 봐주었으면 하는 간절함이 묻어나는 그 눈빛을 아직도 잊을 수가 없다. '그 녀석은 어디서 무엇을 하며 어떻게 지낼까? 어느 날 갑자기 TV에 나오지는 않을까?' 문득 그런 생각이 든다. 무엇을 해도 해낼 녀석이라는 생각이 들었기 때문이다. 진심을 쏟아부어서 최선을 다하면 그 간절함은 언젠가 이루어지는 법이니 말이다.

그 사람 행동은 어쩔 수 없지만, 반응은 언제나 내 몫이다.

산고를 겪어야 새 생명이 태어나고,

꽃샘추위를 겪어야 봄이 오며,

어둠이 지나야 새벽이 온다.

거칠게 말할수록 거칠어지고,

음란하게 말할수록 음란해지며,

사납게 말할수록 사나워진다.

결국 모든 것이 나로부터 시작되는 것이다.

나를 다스려야 뜻을 이룬다.

모든 것은 내 자신에 달려 있다.

– 백범 김구

. . .

백범 김구 선생의 마지막 문구처럼

'모든 것은 내 자신에 달려 있다.'

어제보다는 오늘 조금 더 나은 자식이,

그리고 부모가 되고 싶다.

이 선택을 하는 것은 누구를 보고 따라가는 것도

아니요, 아무도 나에게 지시할 수 없다.

그저 모든 것이 나로부터 시작되기에

자신의 선택이며 설령 그 선택이 실패한다 해도

훗날 이것이 내 삶의 밑거름이 될 수 있다.

실패와 성공은 지금 결정되는 것이 아니라

끝까지 살아봐야 아는 것은 아닐까.

인생은 단거리 달리기가 아닌

기나긴 마라톤이라고 하니 말이다.